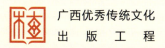

广西优秀传统文化
出版工程

"考古广西"丛书

古城邑的沧桑

王 星 著

扫码获取更多资源

广西科学技术出版社
·南宁·

图书在版编目（CIP）数据

古城邑的沧桑 / 王星著 . -- 南宁：广西科学技术出版社，2024.12. -- （"考古广西"丛书）. -- ISBN 978-7-5551-2335-4

Ⅰ. K878.34

中国国家版本馆 CIP 数据核字第 20247CN301 号

古城邑的沧桑

王　星　著

出版人：岑　刚	装帧设计：刘瑞锋　阳玳玮　韦娇林
项目统筹：罗煜涛	排版制作：黄璐霜
项目协调：何杏华	责任校对：郑松慧
责任编辑：吴桐林　梁珂珂　覃　艳	责任印制：陆　弟

出版发行　广西科学技术出版社

社　　址：广西南宁市东葛路 66 号

邮政编码：530023

网　　址：http://www.gxkjs.com

印　　制：广西民族印刷包装集团有限公司

开　　本：889 mm × 1240 mm　1/32

印　　张：5

字　　数：108 千字

版　　次：2024 年 12 月第 1 版

印　　次：2024 年 12 月第 1 次印刷

书　　号：ISBN 978-7-5551-2335-4

定　　价：32.00 元

总 序

在中国辽阔的南方边陲，广西这片被自然与人文双重雕琢的神奇土地，自古以来便是中华民族多元文化的交流、交往和交融之地。它不仅是中华民族多元文化璀璨共融的见证者，更是文化的建设者和传承者。这里，山川秀美，草木葳蕤，河流纵横，众多民族在这里和谐共融、安居乐业，留下的丰厚历史文化遗产，成为中华文明不可或缺的一抹亮丽底色。

在古老而又充满活力的八桂大地上，有无数珍贵的文化遗产。它们或隐藏于幽深的洞穴，或散布于辽阔的田野，或依偎在蜿蜒而过的河边，或深藏于繁华的闹市……这些宝贵的文化遗产，是社会发展轨迹和文明进程的缩影。它们不仅见证了广西悠久而辉煌的历史，而且还蕴含着古人的智慧和精神，是我们根系过去、枝连现在、启迪未来的重要财富，更是我们文化自信的重要来源。

站在新的历史起点上，文化自信被赋予新的时代内涵和历史使命。党的二十大报告指出，要坚守中华文化立场，提炼展示中华文明的精神标识和文化精髓，加快构建中国话语和中国叙事体系，讲好中国故事、传播好中国声音，展现可信、可爱、可敬的中国形象。党的十八大以来，习近平总书记三次深入广西考察调研并发表重要讲话，充分体现了以习近平同志为核心的党中央对广西工作的高度重视和对八桂各族人民的深切关怀。2017年4月19日，习近平总书记在广西考察的第一站，就是合浦县汉代文化博物馆。习近平总书记在考察中指出，中华民族历史悠久，中华文明源远流长，中华文化博大精深，一个博物馆就是一所大学校。要加强文物保护和利用，加强历史研究和传承，使中华优秀传统文化不断发扬光大。广西优秀传统文化是中华文明宝库中的璀璨明珠，深受中华文化的滋养，同时又展现出鲜明的地方特色。广西优越的地理位置赋予了其独特的地位和重要的历史定位。自秦代以来，灵渠、海上丝绸之路的开通，使广西成为"北上中原，南下南洋"的交通要道。广西利用自身的地理位置优势承接了国家对外经济文化交流的重任，同时形成了独具特色的地方传统文化。广泛分布且各呈异彩的不同时代的文化遗产，承载着灿烂文明，成为今天见证历史，服务国家、民族发展大略，服务经济社会发展，凝聚民族团结之力，提升民族自信心的重要载体。

文化自信是一个国家、一个民族发展中最基本、最深沉、最持久的力量。2020年9月28日，习近平总书记在十九届中央政治局第二十三次集体学习时的讲话指出，"考古发现展示了中华文明的灿烂成就。我国考古发现的重大成就充分说明，我国在新石器时代、青铜器时代、铁器时代等各个时代的古代文

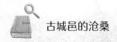

明发展成就上都走在世界前列，我国先民在培育农作物、驯化野生动物、寻医问药、观天文察地理、制造工具、创立文字、发现和发明科技、建设村落、营造都市、建构和治理国家、创造和发展文化艺术等各个领域都取得了令人赞叹的成就。这些重大成就展示了中华民族开拓创新、与时俱进、自强不息的进取精神，是蕴涵着丰富知识、智慧、艺术的无尽宝藏，是坚定文化自信的重要源泉"。广西自古以来便是多元文化共融的热土，其丰富的文化遗产是中华优秀传统文化的重要组成部分。为贯彻落实党的二十大精神和习近平文化思想，实施中华优秀传统文化传承发展工程，传承地方文脉，凝聚思想共识，增强文化自信，广西壮族自治区党委宣传部指导策划，广西出版传媒集团组织广西科学技术出版社编创团队编辑出版"考古广西"丛书。

"考古广西"丛书作为"文化广西""非遗广西""自然广西"等丛书的延续和拓展，被列入广西优秀传统文化出版工程。该丛书共10个分册，以翔实的考古资料和多位考古专家多年的研究成果为基础，全面梳理广西的考古遗存，以通俗易懂的语言和大量宝贵的图片，展示广西从旧石器时代至明清时期的最新考古成果和文化遗存，具体包括史前洞穴遗址、贝丘遗址，秦汉时期的城址，唐宋时期的窑址，世界文化遗产花山岩画，明代的靖江王府与王陵，明清时期的边海防设施，以及各时期的墓葬等。丛书集专业性、科普性、趣味性、可读性于一体，深度融合考古学、历史学、地理学、人类学、民族学、社会学等多学科的内容，高度凝聚考古专家多年的研究成果和心血，深入解读广西文化遗存蕴藏的厚重历史，生动展现广西考古、广西文物的时代价值，向世界传播广西声音，展现广西文化魅力，让更多人了解和认识广西，进而增强民族自豪感和文化自信。

提升公众保护文化遗产的意识和素养，传承民族的记忆与文化的精髓，不仅是每一位出版人的初心与使命，更是时代赋予我们的神圣职责。"考古广西"丛书不仅是对广西考古工作成果通俗化的全面展示，而且也是向世界递出的一张亮丽名片，让世人的目光聚焦广西，感受这片土地独有的文化韵味与魅力，以此增强广西的文化自信，提升广西在国内外的知名度和影响力，为广西的文化建设和社会发展注入强劲动力。"考古广西"丛书的出版还是深化全民阅读活动、提升公众文化素养的重要举措。它鼓励更多人走进历史，了解文化，感受古人的智慧与汗水，从而在心灵深处产生共鸣与回响，激发全社会对传统文化的兴趣与热爱。通过这一窗口，广西得以向世界讲述中国故事，展现中华文化的博大精深与独特魅力，促进不同文明之间的交流与互鉴。

"考古广西"丛书寻根探源，传承文化精髓。新征程上，我们以书为媒，共赴考古之约，让宝贵的文化遗产在新时代熠熠生辉，助力民族文脉薪火相传，为中华民族伟大复兴贡献文化力量。

丛书主编　林强

2024 年 9 月

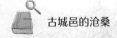

古老师

AI广西考古研究员

24小时在线讲解，为你解读书中知识。城市科普问答，带你一起寻根溯源。

寻

古迹遗址

跟随影像，游古城
错落的文明遗迹。

古城文明的
沧桑更迭

扫码循迹

探

文物宝藏

拨开尘土，探文物
背后的人类智慧。

溯

八柱方志

溯源历史，看广西
城邑的古今变迁。

目 录

六朝至明清城邑：
拱卫边疆的基石　　091

后　记　　148

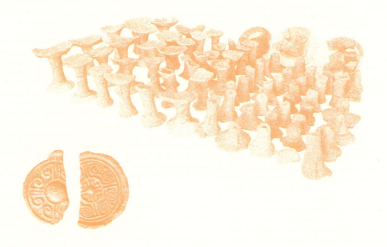

目录

扫码获取更多资源

综述：广西古城漫谈

在中国这片历史悠久的土地上，我们的祖先对筑城有着无比的热情。他们相信"无邑不城"，认为只要是有人生活的地方，就需要城墙的守护。每一个朝代都有新城被筑起，每一座城池都有自己的故事。卷帙浩繁的古代文献中，满是关于城和筑城的记载；广袤的神州大地上，至今仍挺立着许许多多斑驳的古城墙。至于那些被埋在地下，直至被考古工作者发现才得以重见天日的城池，更是数不胜数。它们经历岁月的风霜雨雪，见证历史的沧桑变迁。

然而，当我们将目光转向一片在历史上充满神秘色彩的土地——广西时，会发现一个惊人的现象：从旧石器时代一直到战国中期，这里竟然没有任何城的痕迹！

早在旧石器时代，广西所在区域就已有人类聚居，他们还制作了大名鼎鼎的"百色手斧"，但是目前尚未发现该时期有人类居址的痕迹。这一时期的原始先民过着狩猎、捕鱼、采集的生活，洞穴、岩厦、树杈等都可以是他们的居住场所，然而都不是固定居所。到了新石器时代中期，邕江流域的原始先民聚居明显，并创造出了特征鲜明的"顶蛳山文化"。在这一时期的遗址中发现了成排的柱洞，有学者推测当时已经出现干栏式建筑。尽管原始先民从居无定所发展到逐渐形成村落，但依旧

登上《科学》杂志封面的百色手斧

没有发现该时期有高级聚落形态——城的踪迹。

　　一座城的诞生，既需要主观需求的驱动，也离不开客观条件的支撑。在主观需求上，人们渴望获得一个长久的栖身之所，并希望它如同堡垒一般能抵挡外敌和自然灾害的侵袭，文明的进步也让人们开始追求秩序和管理。主观上的美好愿景需要客观上的坚固基石来支撑。在客观条件上，一定规模的人口数量才能组合成助力城邑诞生的强大引擎，掌握筑城技术才能准确

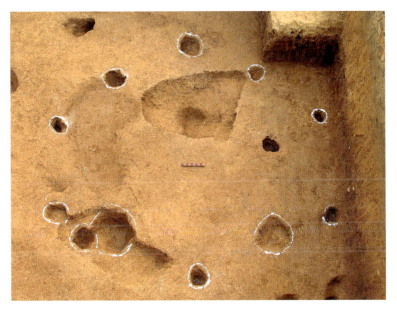
大塘城遗址中发现的规律分布的柱洞（引自广西文物保护与考古研究所《广西文物考古60年》）

描绘出城邑的轮廓，而一个稳定完善的生态系统，才能奏响城邑与自然和谐而悠扬的交响乐章。由于缺乏这些因素，广西所在区域经历了漫长的无城时期。这种情况直到战国中期才开始发生变化。

战国时期，广西所在区域的南北两端出现了两颗璀璨的明珠：南端的大浪古城和北端的洮阳城。大浪古城坐落于合浦县，是江浙地区的越人南下时建造的，大约存续到战国晚期。这座

综述：广西古城漫谈

古城见证了越人南迁的历史，记录了战国中晚期百越地区的民族融合，是目前岭南地区发现的最早的城。而在对大浪古城进行考古发掘和资料整理之前，位于全州县的洮阳城曾一度被认为是广西所在区域最早的城。这两座城的出现与先秦时期广西所在区域和周边地区愈加频繁的交流有密不可分的联系。战国时期，楚国与南方百越之地以五岭为界，然而这逶迤的五岭并未给岭南和岭北的交流造成阻隔。在吴起推行变法使楚国强盛一时后，楚人的活动范围一度越过五岭，来到山脉之间的一些谷底区域。与此同时，百越沿海地区的民族交流也促进了浙江经广东到广西海路的开通，在这样的文化交流与碰撞之中，城便悄然而生。

公元前221年，秦始皇统一六国，建立秦朝。虽然有"六王毕、四海一"这样的壮阔描述，彰显着天下一统，四海之内皆为秦土，但实际上，当时的秦朝并未能够立即将岭南地区纳入自己的版图。秦军采取了凿灵渠、筑秦城等一系列手段，直到秦始皇三十三年（公元前214年），才终于将岭南地区收入麾下。通济城作为秦城遗址中的代表性城址，是这一时期广西所在区域乃至整个岭南地区尤为重要的城址之一。秦统一岭南地区之后，分设了桂林、象郡、南海3个郡。郡县制的推广施行，拉开了广西所在区域进入筑城高峰的序幕。

秦亡后，赵佗聚兵扼守五岭，建立南越国。公元前111年，汉武帝灭南越国，将南越国故地在原有郡县的基础上分为7个郡，翌年又向南扩张，增设了2个郡。至此，岭南地区共分为9个郡，郡下设县，每个郡治、县治均设城。这促使广西所在

区域出现了一次筑城的高峰，城如雨后春笋般纷纷涌现。目前在广西共发现20多处汉代城址，大部分与当时的郡县所在地对应。

六朝时期，中原大地战火纷飞，动荡不安，许多生活在中原的氏族为了躲避战乱，纷纷南迁，来到了岭南地区这片相对宁静的土地。随着这些氏族的到来，岭南地区的郡县规划又发生了变动，这片广袤的土地逐渐密布烟火人家。新郡县的设立，不仅有助于加强行政管理、维持区域稳定，也为当地的经济发展和文化交流注入了新的活力。然而，由于当时的王朝整体实力减弱，在广西所在区域的建设重点主要集中在东北部至东南部一带。相比之下，西部地区因民族关系复杂、交通不便等，在当时的行政建制中较少被注意到。此外，这一时期的郡县变动较为频繁，大部分城址的使用时间相对较短，加上部分城址存在新旧重叠的现象，因此很多古城遗址已难寻踪迹，让人不禁扼腕。

隋唐时期，中国迎来了历史上又一个大一统的辉煌时刻，国家的实力也如同旭日东升，蓬勃发展。随着国力的强盛，中央政权对广西所在区域的管控也开始从东北部至东南部一带向西部的左江、右江及红水河上游地区深入拓展。这一时期，中央政权不仅在广西所在区域设置了大量州、县，以加强对地方的直接管理，还在偏远地区设置了羁縻州、羁縻县、羁縻峒等机构，以便更好地应对当地的实际情况。这些州、县、峒大多建有城郭，城郭不仅是防御的堡垒，也是当地百姓生活的中心。但同样令人惋惜的是，随着时间的流逝，这一时期的大部

综述：广西古城漫谈

分城郭或被后世城市叠压，或毁于自然破坏，或埋于荒山野岭，已经被历史的尘埃覆盖，难觅踪迹，仅有小部分被考古工作者发现。

宋代，广西所在区域的地方行政区划沿袭唐制。淳化五年（994年）开设路，路下仍设州、县两级。如今的广西在当时就属于广南路这个"大家庭"，后来这个"大家庭"分成两个"小家庭"：广南东路和广南西路。广西就是广南西路的成员，"广西"之名也由此而来。到了北宋末年，广西的规模变得更加庞大，各级政权机构所在地当时都建有城或衙门，但是保存至今的不多。这一时期广西还经历了一个很大的变化——随着交趾（今越南北部红河流域）的独立，广西从偏远地区变成了真正的边疆地区。出于稳定边患的考虑，朝廷不仅进一步加大了对广西的开发力度，同时进一步完善羁縻制度，并设置大量军寨对广西进行管控。在"制内御外"策略的影响下，确立了以桂州为中心、以邕州为次中心的行政格局。这一时期，随着商品经济的发展，广西的很多州城和县城都变成了商业中心，就像现在的购物中心一样热闹。在一些靠近边境的地方，还出现了和外国人交换商品的市场。随着商贸的繁荣，城的规模也变大了。由于火器一类攻城武器的出现，为了更好地保护城邑，人们开始用城砖来包砌城墙，让城邑如同穿上了一套坚实的盔甲。

到了元、明、清3个朝代，广西的规模基本稳定下来，大部分城邑的布局一直沿用到今天。元代初期，为了巩固对地方的统治，朝廷曾下令禁止地方建造新的城。因此，大部分城邑的结

构、布局都保留了宋代的模样。直到至正十二年（1352 年），为了维护社会稳定，朝廷才开始允许各地建造和加筑城。明清时期，广西的州城和县城基本上仍沿用元代的布局，整体上变化不大。在州城和县城的基础上，为了加强管理，明代在广西设置了很多卫、所、巡检司等军事机构和寨、堡等军事设施。不过，随着时间的推移，这些军事机构和军事设施逐渐荒废，大部分仅留下遗迹。

广西的古城，就像一本掩埋在尘埃下的故事书，拂开它身上厚厚的灰尘，便能阅读到一个个神秘而独具特色的故事。在这一个个故事里，你会发现这些在历史长河中熠熠闪光的古城拥有一些共同的特点。

（1）小小规模，迷你城市。广西古城的规模通常都不大，这一特征在越早期的城址中反映得越明显。战国至秦汉时期，除通济城、贵城、草鞋村遗址规模相对较大外，其余城址规模都很小，一般周长约 1000 米或更小。在这样规模的城里散步，不到半个小时就能绕城一圈了。这种城址规模比北方同时期同等级城址规模要小得多。

（2）分布不均，东多西少。广西的古城主要集中分布在东北部至东南部地区，而广大西部地区则极少发现古城遗址。战国至秦汉时期遗存的 20 多处城址中，位于广西西部地区的仅有一处，即龙州庭城。六朝时期，广西西部地区更是未有建制的记载，考古工作者也未在这一区域发现该时期的城址。唐代开始，政府加强对左江、右江、红水河流域的管理，广西西部、西南部地区才逐渐有了城，但是其数量仍远不及广

综述：广西古城漫谈

西东部、东北部地区。

（3）近水就山，因地制宜。广西古城的选址均优先考虑地理位置重要、交通便利的地方，大多选在河岸或离河流较近之处。城址所在地的地形主要分为两类：一类为河流旁的平地，一类为离河流较近的山坡。属前一类的有全州建安城，兴安秦城、城子山古城，贺州临贺故城等，这类古城内外地势平坦，城形规整，城址较大，四周开阔，交通便利。属后一类的有全州洮阳城、灌阳观阳城、贺州高寨古城、宾阳领方故城等，这类古城依山而建，城形不太规整，城内地势高低不平且规模较小。

（4）人群迁徙，技术外来。广西传统的干栏式建筑并不能衍生出土坯房、石筑墙，因此可以推测，广西的筑城技术应是源自外地。中原地区、楚地和江浙一带百姓的南迁，带来了更为先进的筑城技术。汉代的城墙均采用版筑法，就地取土、层层夯筑，但夯窝不明显。城内部分采用北方流行的高台建筑，房屋建筑材料以陶制的板、筒瓦片为主，另有少量的瓦当、铺地砖、水管及铁钉等建筑构件。六朝时期，城墙开始出现明显夯窝。宋代后则流行城墙包砖块。

（5）军事防御功能贯穿始终。春秋战国时期，列国争霸，各国纷纷倾注财力建造具有多重城圈的城，以增强其防御性。到了汉代，大部分城邑的主要功能已由防御转为行政管理。然而作为边疆地区，广西城邑的军事防御性始终存在，很多时候军事防御功能和行政管理功能并存。

八桂大地上的筑城奇迹，是一段段传奇，是一首首史诗，

承载着历史的岁月更迭，记录着广西的沧桑变化。让我们一起踏上探索广西古城邑的旅程，去发现那些埋藏在历史深处的城池，去了解那些关于筑城的故事，去感受那些城墙中蕴含的力量和智慧。

综述：广西古城漫谈

先秦城邑：
从无到有

    战国时期，中国发生了巨大的变化。社会大变革、经济大发展、民族大融合，就如同各色颜料混合在一起，创造出了更丰富的色彩，进而绘成一幅波澜壮阔的画卷。在这片风云际会的广袤土地上，广西也悄然绽放着属于自己的光芒——在南北两端出现了两座灿若明珠的城。这两座城的出现，不仅昭示着这个时期建筑智慧的成就，更镌刻着社会变革的深刻印记，见证着历史天空下的风云激荡。

洮阳城：楚人越五岭

·▶◀·

在广西北部的桂林市全州县，有一条清澈的河缓缓流淌，最终汇入湖南的母亲河湘江，这便是洮水河。在洮水河与湘江的交汇处，隐藏着一座古老而神秘的古城，考古工作者称它为洮阳城。为何认定此处为洮阳城？这座城背后有什么特别的故事？随着考古钥匙的转动，让我们一起推开洮阳城尘封的大门。

◆ 身份认定

翻开史册，我们会发现"洮阳"之名出现得很早，从东汉末年到唐代，都有关于洮阳城的记载。而出土的文物则显示，"洮阳"一词出现在更早时期。

1957 年，在安徽寿县发现了一件非常重要的文物——鄂君启金节。"鄂君启金节"这个名字是什么意思呢？"鄂"指的是如今湖北鄂州市周边，那里是战国时期楚怀王一个名叫"启"的儿子的封地，因此"启"也被称为"鄂君"；"节"则是指一种形似劈开的竹节的免税通行证，因为其文字采用错金工艺，所以称为"金节"。鄂君启金节就是鄂君启进行水陆贸易时的免税通行证。鄂君启金节上规定了当时贸易所用车、船可以到达的地方，其中就包括楚国南部湘江上游的"洮阳"。

鄂君启金节

先秦城邑：从无到有

1960 年，在长沙的一座文景时期（公元前 179 年—前 141 年）的汉墓中，出土了 2 枚滑石印章，一枚印文是"洮阳长印"，另一枚印文是"逃阳令印"。通过对比 2 枚印章发现，"逃"应当是"洮"的别体。墓中还有另外 2 枚私印，分别是"苏将军印"铜印和"苏郢"玉印。"苏郢"应是墓主的姓名。在汉代行政体系中，长、令均是汉代县级行政长官的职衔，管理一个拥有少于 1 万户人家的城的官员称为"长"，管理一个拥有超过 1 万户人家的城的官员称为"令"。"洮阳长印""逃阳令印"无疑就是苏郢任洮阳县长、县令时的官印明器，见证了其仕途的变迁。这两枚小小的印章用它们的方式记录下历史，向我们讲述了苏郢在文景时期先担任洮阳长，后又成为洮阳令的经历。在他的任期内，洮阳的人口有所增长，从不足万户的小县扩大成了万户以上的大县。

　　1973 年，长沙马王堆 3 号汉墓出土了 3 幅绘在帛上的地图，其中一幅是西汉初期长沙国南部的地形图，在地形图的西北角标有"桃阳"二字，并用方框框了起来。这幅地形图的图例显示，方框表示县级单位，说明桃阳是当时的一个县。而其地理位置位于湘江西岸、今全州县西北部，恰好是如今这处古城遗址的所在地。

　　诸多文献、出土文物等考古资料中和"洮阳"有关的信息均与全州县这处古城遗址非常吻合，这让我们有理由相信，洮水河畔的这座古城就是战国至汉代的洮阳县治洮阳城。

❖ 洮阳城

桂林市全州县永岁镇梅潭村梅潭屯东约 100 米处的湘江西岸，旧名改州滩，洮阳城就建于此。其东、南、西三面与湘江紧紧依偎，北面背靠土山，西南面有洮水河蜿蜒流过。洮阳城城址东西长约 300 米，南北宽约 200 米，面积接近于 9 个标准足球场大小。虽然作为一座城来说它不算大，但是在当时的条件下，能建造这样一座小城已实属不易。此外，将城址定在远离楚国核心势力范围的五岭地区，无论是从策划者的远见上还是驻守将士的胆识上来说都是值得敬佩的。

洮阳城城址所在地高于湘江正常水位约 20 米，城墙依自然山势用泥土夯筑而成，坚固且与周围环境融为一体。这样依山傍水的选址，充分借助了山形水势，既可以利用高度优势进行观察和防御，使城池易守难攻，又可以避免洪水的侵袭，还可以俯视江面，扼守水道，控制交通。洮阳城东、南、北三面城墙外的山体均被人工修整得非常陡峭，与城墙一起构成了一道难以逾越的防线。西面则有两道用泥土夯筑而成的"一"字城墙，它们依循着山岭的起伏，从山顶一直延伸到湘江边，形成了另一道坚固的防御屏障。北面和西北面还各有一道长约 500 米、宽 20～50 米的城壕，随地势起伏曲折。城壕中间有一个六边形的台面，东西两翼略低。城的东、西两面均设城门。城墙的转角处比周围高，可能用于设置防御设施。洮阳城的城墙虽然残高只有 2～3 米，但厚度有 10 米左右，足以抵御常规攻击。可以想象，拥有这样周全的防御设施，生活在洮阳城中的百姓安全感一定很足。

先秦城邑：从无到有

在洮阳城城址的南面、东面山脚，临湘江的河滩平地上，有一片面积达18万平方米的大型居住区。这里相对平坦、土壤肥沃、灌溉便利，非常适合日常生产生活，可种植粮食、蔬菜等。整座洮阳城包括山顶城址、"一"字城墙、城壕、河滩居住区在内的总面积约为32万平方米，相当于45个标准足球场大小。

洮阳城城址

2010年，考古工作者对洮阳城城址区域进行了考古勘探和小范围的发掘。虽然发掘面积非常小，但是成果丰富。在城内发现了房屋、排水沟、水井等生产生活遗迹，还出土了不少建

筑材料和生产生活用具等珍贵文物。其中，建筑材料正是大家比较熟悉的瓦。古代的瓦一般包括板瓦和筒瓦两种，这两种瓦在洮阳城均有发现。所发现的瓦片表面均饰有绳纹，符合战国至秦汉时期瓦的一般特征。当时的人们已经具有非常多元的审美观念，很多陶制的生活用具上都带有纹饰，如篮纹、席纹、方格纹和米字纹等。此外，还发掘出一些金属质工具，如用于翻地的锸和用于劈砍的斧等。

洮阳城城址出土的器物（李珍供图）

先秦城邑：从无到有

◆ 兴与衰

战国至秦汉时期，一小群勇于开拓的先行者挥别楚国都城，翻越五岭山地，来到湘江之畔，围地筑城。这座城既是他们抵御外敌的坚固堡垒，也是为他们提供依靠的温暖港湾，他们在这里过上了战时御敌、闲时耕织、自给自足的生活。同时，生活上的交融让他们将楚国的文化传播到岭南地区。正是这样的开拓与融合，推动了秦汉大一统国家的形成和发展。

汉代以后，随着地域版图的重新布局与政治中心的变迁，原来的县治等机构也一并移动。洮阳城，这位历史的见证者，悄然退出了它曾经的舞台，被岁月的尘埃轻轻覆盖。但是"洮阳"这个名称被一直沿用下来，点缀在新的城池上，传唱起新的故事。

大浪古城：越人向南行

◆▶◀◆

　　在秦始皇统一岭南之前，广西的绝大部分地区属于百越之地。百越是什么？先秦古籍中将分布于东南沿海一带的古越部族称为"百越"。《汉书·地理志》记载："自交趾至会稽七八千里，百越杂处，各有种姓。"也就是说，从今我国江苏南部沿东南沿海的上海、浙江、福建、广东、海南、广西等地至越南北部这一半月形圈内，均为古越部族较为集中的分布地区，我国湖南、江西、安徽等地也属于其零散分布地，这些区域统称为百越地区。由于地理环境的多样性和历史发展的复杂性，百越地区的族群构成十分复杂，各部落之间既有共性也有差异。百越地区的主要族群包括越、瓯、闽、西瓯、骆越、南越等。越是其中尤为重要的一个族群，主要分布在今我国浙江一带，以善于制造铜器和陶器著称。广西所在区域则主要分布着西瓯和骆越两个族群。

　　春秋战国时期，楚国向南扩张，也搭起了南北方技术和文化交流的桥梁。百越地区的百姓受到楚文化的悄然浸润，原本居住于楚国南境的越人也在这场交流融合的大潮中踏上南迁的征途。

先秦城邑：从无到有

◆ 越人迁徙方向

在战国时期烽火连天的舞台上，楚国和越国如同占据不同山峰的两头雄狮，长期维持着一种微妙而紧张的对峙态势。直到公元前333年，楚国在一场决定性的战争中大败越国，才终于打破了这一僵持局面。这场战争留下的不仅是战场上的断壁残垣，还有两国命运轨迹的深刻转折。越国的往日辉煌被就此斩断，拉开了国力由盛转衰、国土分崩离析的悲壮序幕。面对破碎的家园，生活在长江下游的越人决定离开故土，向外寻求新的生活空间和发展机会，自此开始了漫长的迁徙之路。而关于越人的迁徙方向，长久以来一直是历史学界争论不休的话题。

一些学者认为，越人在战败后主要向南迁徙，进入了今我国福建、广东等地及越南北部。《史记·越王勾践世家》记载："当楚威王之时，越北伐齐，齐威王使人说越王……于是越遂释齐而伐楚。楚威王兴兵而伐之，大败越，杀王无疆，尽取故吴地至浙江，北破齐于徐州。而越以此散，诸族子争立，或为王，或为君，滨于江南海上，服朝于楚。"后世认为越人南迁的推论多依据此记载。

另一些学者认为，中国南部沿海地区早在越国衰落之前就已经存在越人，而非后来越人才南迁至此。越国灭亡之后，越人不是南迁而是多次北迁，甚至在秦始皇统一六国之后，仍在北方发现越人的活动痕迹。客观来说，百越族群本就交融生活，越人在越国灭亡之前的确有可能已在南部沿海地区存在。不过，据此断言越人未曾南迁，也是不够全面的。

古城邑的沧桑

令人欣喜的是，近年来，在福建、广东、广西等地的诸多考古发现为我们提供了大量了解越人迁徙方向的资料。其中，合浦大浪古城便是探索越人迁徙方向和研究诸多相关考古遗存的族属和源流的重要区域之一。资料显示，这里的考古遗存与在吴越之地发现的生活遗迹有着许多相同或相似之处。这一结论如同历史的回声，向我们传递出越人迁徙方向的答案。

历史的长河包容着不同的文化如条条溪流缓缓汇聚到一起，河流奔腾向前，一路淘尽泥沙，也侵蚀河岸，当它流经我们面前时，展现给我们的除了时间的长度，还有那些像一颗颗晶莹的鹅卵石一般的史料宝藏。它们记录着曾经发生的沧桑变化，也因河流的冲刷打磨而零碎斑驳。在这些历史的碎片面前，考古学成为重要的探索工具，它让我们得以解读历史留下的密码，触摸历史原始的脉搏，重现历史最本真的样貌。只有将文献考据和考古学的实证材料相结合，我们才能更全面、更客观地探讨越人的迁徙历史，从而窥见那些沉淀在时间长河里的真相。

◆ 大浪古城探秘

大浪古城位于广西北海市合浦县石湾镇大浪村，古城西北面 1400 米处有南流江流过，西面 230 米处则是南流江的支流周江。大浪古城西侧有一段古河道，古河道与周江之间形成一片微隆起的沙地。古城东面地势稍有起伏，平地多已垦为耕作区，地势略高的地方则辟为村庄。大浪古城于 2013 年被公布为全国重点文物保护单位，国家文物局连续将其列为"十三五"时期

先秦城邑：从无到有

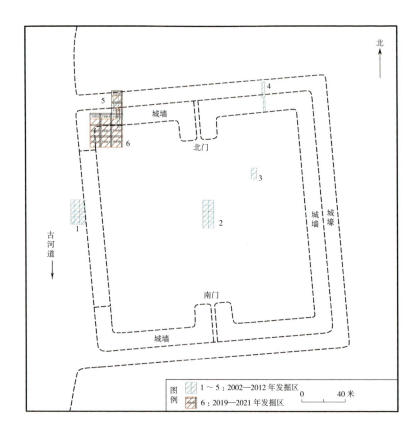

北

5

4

城墙

北门

6

3

古河道

1

2

城墙 城壕

南门

城墙

图例 ▨ 1～5：2002—2012 年发掘区
▨ 6：2019—2021 年发掘区

0   40 米

大浪古城历年发掘示意图（引自广西文物保护与考古研究所等《合浦大浪古城：2019—2021 年考古发掘报告》）

和"十四五"时期大遗址。

2002—2020 年，考古工作者对大浪古城开展了两个阶段的考古发掘，深入探索战国时期的古城密码。

大浪古城平面呈正方形，方正规整，城墙边长约 215 米，古城面积约 59000 平方米（含城壕面积）。经过对大浪古城详细

古城邑的沧桑

的前期调查，第一阶段（2002—2003年、2011—2012年）选定大浪古城西门外及城中部进行了两次考古发掘，并对北城墙及城壕进行了剖面研究。考古工作者在城址中发现了古城百姓的居址和码头遗迹。码头遗迹的地层叠压十分清晰，虽已历经漫长岁月，但夯筑的弧形平台、台阶及伸出江面供船只停靠和装卸货物的"船步"等都清晰可见，与现今沿江伸出水面的小型码头相类似，令人不禁赞叹。码头所在之处河流宽阔，水势平缓，且离入海口不远，为停靠船只、转运货物提供了很大便利。城址中出土了不少罐、匜、釜等陶器，陶片多为灰色或红色的

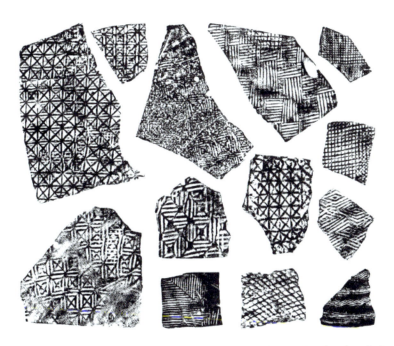

大浪古城城址出土器物的纹饰（引自广西文物保护与考古研究所等《广西合浦县大浪古城址的发掘》）

先秦城邑：从无到有

大浪古城城壕剖面（引自广西文物保护与考古研究所等《合浦大浪古城：2019—2021 年考古发掘报告》）

几何印纹陶，纹饰以方框对角线纹居多，兼有方格纹、席纹等。这次发掘发现了大量生活遗迹，让我们得以一窥先人的生活图景与防御智慧。

这一阶段的考古发掘的面积为 690 平方米，相对于整个城址而言仅是冰山一角。为什么发掘范围没有更大一些？因为针对大浪古城的考古属于主动性考古发掘，以解决学术问题为主要目的，所以会尽可能凭借最小的发掘面积最大限度地获取信息。

2019—2021 年，大浪古城进行了第二阶段的考古发掘，发掘位置选在城址的西北部，发掘面积 632 平方米。

大浪古城的城壕如同一道深沟，向我们诉说着历史的深度。

古城邑的沧桑

这道壕沟是在原地直接下掘而成，外侧坡度稍缓，往里则突然变陡，剖面呈锋利的 V 形，内壁与城墙外壁连为一体，从城墙顶部一直陡斜至城壕底部。根据发掘结果，可以推测出墙高与壕深原本的高低落差应超过 6 米，可见当时筑城技艺之精湛。幽深的城壕内，历史的沉淀层层堆积，从上至下可细分为 6 层。其中，第二层藏着宋代瓷碗的细腻温婉，第三层透露出唐代陶片的古朴韵味，而朴素深沉的第五层则掩埋着战国时期的几何印纹陶与无数炭屑。它们仿佛历史巨树的年轮，记录了古城的兴衰与变迁。

大浪古城城墙与城内地层堆积剖面（引自广西文物保护与考古研究所等《合浦大浪古城．2019—2021 年考古发掘报告》）

先秦城邑：从无到有

大浪古城的城墙所用堆土从下往上依次为灰黑土、网纹红土、黄白砂土，根据城壕从上往下的原土顺序可知，城墙是由挖城壕的土直接在原地表土上面堆筑而成。城墙剖面呈梯形，底部宽足有 15 米，顶部残宽 6.2 米，现存墙体最高达 2.35 米。斜高的内壁温柔而内敛，陡斜的外壁则展现出不屈的威严。墙体断面层理呈起伏的土堆状，看不出明显的版筑痕迹，只在局部显露出其经过简单的夯打，偶尔可见直径约 0.1 米的圆形夯窝。外壁由于时间久远而稍显脆弱，较易塌落。与城壕有所不同的是，城墙的土质十分纯净，考古工作者未在其中发掘出任何文化遗存。

大浪古城的城内地层也记录着这片城址所见证的朝代更迭。地层堆积分为 5 层，由浅到深依次为表土层、明清层、宋代层、战国文化层及筑城之前的原表土层。在战国文化层下发现了灰坑和柱洞，推测是当时的建筑遗迹。战国文化层中还出土了大量遗物，尤以几何印纹陶和原始瓷器为该层的鲜明标志。陶器主要为硬陶和夹砂陶，少量为泥质陶，可辨器型有鼎、瓮、罐、瓿、釜、碗、杯、网坠等，纹饰包括方框对角线纹、米字纹、方格纹、席纹、夔纹、刻划符号等，其中以方框对角线纹和米字纹最为多见。原始瓷器有碗和杯，器身均施青黄薄釉，较易剥落。还发现了部分石器，有砺石、石锛、石砧等。

细细梳理大浪古城土层之下尘封的密码，会发现这座古城与战国中晚期浙江一带的越文化存在千丝万缕的联系。作为目前岭南地区已发现的产生得最早的城，它点燃了战国时期岭南地区颇具代表性的先进文化的炬火，照亮我们对岭南地区先秦

文明史的全新认识之路。而今，在合浦县附近的北海市区及钦州市浦北县等地，又有不少与大浪古城同时期的几何印纹硬陶文化遗存被发现，它们与大浪古城相互呼应，共同诉说着先秦时期的繁荣与沧桑。

◆ 聚落千年回响

在距离大浪古城北面仅 750 米处，蛰伏着一处同样充满故事的遗址——双坟墩遗址。其与大浪古城不仅在空间位置上亲密相依，还在文化的血脉中紧密相连。两处遗址是同一聚落的两个重要组成单位，两地的遗物均以几何印纹硬陶和原始瓷器为显著特征，遗物风格与浙江、广东一带的战国越文化遗存有诸多共性，属于学术界常说的米字纹陶文化遗存。综合历年考古发现及历史文献可以判断，大浪古城—双坟墩聚落应是战国中期浙江区域的越人南下合浦时所构建的一处活动场所，并且连续使用至战国晚期。如果当时的筑城者能跨越千年眺望到如今的图景，他们会欣慰地发现，这处聚落所产生的意义不仅仅是成为越人的栖身之所，聚落本身及其所在的米字纹陶文化圈，为汉代合浦郡的设立奠定了坚实的历史与文化基础，更为合浦日后成为汉代海上丝绸之路上的一颗璀璨明珠铺设了不可或缺的基石。

先秦城邑：从无到有

双坟墩遗址出土的部分器物

　　古城虽然沉默不语，但是它们凝聚了古代先民的智慧与勇气，在历史的风雨中矗立着，随着时间的流逝，逐渐化作一块块砖石，见证中华民族多元一体格局的形成。

秦汉城邑：
城邑体系建立

　　秦汉时期城邑体系的建立与发展是中国古代文明的重要篇章。迷雾重重的秦城遗址，让我们窥见秦朝统一岭南的过程及统一后的城邑规划。贵城遗址则展示了古今叠压下，城邑如何承载历史的变迁。草鞋村遗址作为对外贸易的中心，反映了秦汉时期海上丝绸之路港口城邑的繁荣。勒马汉城遗址的确切年代和身份，为我们揭示了岭南秦汉县治城邑的布局及特色。而庭城遗址，深藏于骆越腹地，见证了汉代城邑体系在边疆地区的拓展与融合。这五处遗址，共同勾勒出一幅秦汉城邑体系建立与发展的壮丽画卷。

秦城：迷雾重重的围城

·◀▶·

在广西桂林市兴安县西南部的溶江镇境内，灵渠与大溶江交汇形成的三角洲上，沿桂黄公路两侧，一道道土埂高大宽厚，安然静卧于平坦的田地之中。这些土埂形态各异，有的绵延数百米长，气势不凡；有的则断断续续，分成数段；有的数道相连，合围成长方形或正方形的围子，规整有序；而有的则只是形单影只的一道。这些土埂究竟是自然之力造就，还是人力所为？它们又承载着怎样的使命？因年代久远，大多数人，包括那些常年在周边居住、日复一日在此劳作的百姓，对此都一无所知。

事实上，这些土埂并非自然形成，它们大多是人工堆筑的土墙。这些土墙所围成的围子就是古代的城，而这片遗留下来的古迹则被统称为"秦城遗址"。

◆ 遗堞存焉

宋人周去非在其所著的《岭外代答》中描述："湘水之南，灵渠之口，大融江、小融江之间，有遗堞存焉，名曰秦城。"这里风景优美，气候宜人，水陆交通便利；同时地势险要，堪称扼喉之地，是控制南北交通的关键，进可攻，退可守，非常适合驻军，是练兵打仗的宝地。

　　周去非曾经"试尉桂林"，还担任过州学教授，并在宋孝宗淳熙年间担任过桂林通判，最后官至绍兴府通判。在那个时代，广西所在区域对许多人来说是一个既神秘又遥远的地方，充满了未知和新奇。而周去非不仅仅是一名有作为的官员，更是一位勇敢的探险家和知识渊博的地理学家。他的双眼就像一部照相机，捕捉并记录着岭南的山川美景、古老遗迹、丰富物产和独特风俗。他所撰写的《岭外代答》是一本非常有趣的书，书中采用问答的形式，回答了亲朋好友对远方世界的种种疑问。他记下了近300条关于岭南的见闻，其中不仅有当地的自然风光、社会习俗，还谈到了南洋、大秦、木兰皮国等遥远国度的疆域、特产和民俗。长期以来，人们对秦城的了解都基于《岭外代答》的记载。

　　有学者提出，可以将秦城分为"大营"和"小营"两个区域。"大营"从北边的马家渡开始，一直往南延伸到灵渠和大溶江的交汇处。这片区域东边紧挨着灵渠，西边则靠着大溶江。在这大约长6千米、宽2千米的范围内，有4座古代城池的遗址。第一处遗址在马家渡的南岸，这里有一道用土筑成的东西方向的城墙，长度超过500米，虽然现在高度只剩下1～3米，但是厚度仍有5.4米，当地百姓都把它叫作"城墙埂子"。第二处遗址在七里圩村的南端，是一个长方形的土城，东西长约300米，南北宽约200米，四周的城墙都保存得很完整，当

秦汉城邑：城邑体系建立

地百姓都叫它"王城"。第三处遗址在通济村与太和铺村之间，被称为"通济城"。第四处遗址在水街的北端，也就是大溶江和灵渠交汇处的北面。至于"小营"，则为大溶江和小溶江交汇处一带，已知包含3座古代城池的遗址：一处遗址位于大溶江西岸，靠近小溶江北岸，在千家坪村附近；一处遗址位于大溶江东边的廖家村；还有一处遗址位于大溶江和小溶江交汇处的东岸的南江头村里。

经过多次的考古调查和勘探，考古工作者在"小营"的千家坪村、南江头村均未发现城墙的痕迹，周边也没有发现秦汉时期的遗物；位于廖家村的遗址则被认为是唐代的黄巢城，其

秦城遗址相关遗存

古城邑的沧桑

地表也没有发现一丝城墙的痕迹，说明那里可能只是当时士兵们驻扎的地方。而在"大营"的马家渡，考古工作者只找到了一道城墙埂子，另外三面墙则无迹可寻，这道城墙埂子的年龄也是个谜。水街北端倒是留存有几段墙，但它们并不是用土夯打筑成的城墙，更像是自然形成或人工堆起来的堤埂，周围也没有秦汉时期的"纪念品"。也就是说，秦城遗址范围内，能够形成围子，可以称为城的，仅有七里圩王城和通济城两处。

通济城城址、七里圩王城城址及石马坪古墓群

◆ 建于何时

秦城的修建时间是历史留下的谜题，目前有着多种不同的说法。有人说，秦城其实是岭南地区的越人为了保护自己的家

乡，辛辛苦苦建起来的一座越城。秦始皇统一六国后，对这座城青睐有加，就在其原来的基础上进行了扩建，还派了士兵驻守，于是这座城就变成了"秦城"。也有人说，秦城是秦始皇在攻打岭南的时候，因军事需要而建的一座城。还有人认为，秦城其实是秦代桂林郡的治所，也就是管理这个地区的地方政府所在地。另有一种说法认为，秦城是秦末汉初南越国时期，赵佗为了显示自己的权威，特意建造的一座越王城。最后一种说法是，秦城其实是汉代始安县的县治。

为什么会有这么多争议呢？原因有三个。首先，在过去的文献记载和后来的研究中，常常把秦城遗址里的好几座古城混为一谈。其次，关于秦城的文献记载本来就不多，而不同研究者对这些记载的理解也不一样。最后，考古工作者还没有在秦城遗址进行过全面、长期、不间断的考古工作，所以很多谜团尚未得到破解。

从 1990 年开始，考古工作者开始对七里圩王城展开考古勘探与发掘工作。他们发现，七里圩王城的建筑形式和筑城方法和汉代古城的很像。比如，城墙 4 个角上有高高的角楼，城里有高高的台子，城墙外壁增筑了向外凸出的马面。此外，城墙建造采用版筑法，把泥土一层层夯实，使城墙变得特别结实。考古工作者还在七里圩王城城址内挖出了许多陶罐、铜器、铁器和建筑构件。这些遗物的形制和花纹，与在福建、广东的汉代城址里发现的遗物以及两广地区及湖南等地的汉代古墓里出土的遗物差别不大。因此，考古工作者推测七里圩王城应该是汉代所建，大概从西汉中期开始使用，到了魏晋时期就慢慢被废弃了。

七里圩王城城址的发掘现场

七里圩王城城址出土的城防工具

秦汉城邑：城邑体系建立

七里圩王城城址出土的地砖

七里圩王城城址出土的陶水管

七里圩王城城址面积不算大，文化堆积也比较简单，因此，弄清楚它的建造时间不算难事。在秦城遗址里，"出生"于西汉中期的七里圩王城算是城址中的"小年轻"，通济城比七里圩王城年长，可能早在战国到西汉初年就已存在，但它的具体"出生时间"，起初人们并不清楚。直到2013—2014年，考古工作者在通济城进行了两次小规模发掘，才发现了能确定这座古城修建年代的关键证据。通济城城址出土的遗物虽然不多，但是文化特征非常明显，且与七里圩王城城址出土的遗物风格截然不同。七里圩王城的遗物展现的是鲜明的汉代文化特色，而通济城的遗物大多带着楚文化的韵味。考古工作者将通济城城址出土的陶豆、盂、罐、鬲、鼎等陶器，与湖南、湖北等地战国时期的楚墓或遗址中出土的陶器进行对比，发现它们无论是陶质、陶色、烧制火候，还是器物形状，都几乎一模一样。除此之外，考古工作者还挖到了一些几何印纹陶，这些陶器的纹饰和形状也大多是战国时期的风格，比如米字纹，就是战国时期百越地区尤为流行的几何印纹之一。再者，这些陶器上并没有出现南越国时期流行的在方格纹上戳印圆形纹的组合纹饰。由此，考古工作者推断通济城的修建年代应在战国晚期至西汉南越国时期。

秦汉城邑：城邑体系建立

通济城城址出土的米字纹陶瓷

　　秦汉时期，人们秉持"事死如事生"的观念，对死后世界极为重视。这种生死观直接体现在城址布局上，使得城址周围普遍存在规模不等的墓葬群。墓葬往往能反映出当时城中百姓的生活情况，故而可以说墓葬群也是城的一个重要组成部分。在七里圩王城和通济城的不远处、兴安县溶江镇莲塘村一带，就有这样一个神秘的墓葬群——石马坪古墓群。它东临灵渠，西靠大溶江，南至太和铺，北至白竹铺南山槽，面积足足有 3 平方千米。早在 1962 年，考古工作者进行文物普查时就发现了这里，当时的调查显示这里有 400 多座古墓。很多古墓的封土堆都很大，最大的直径达 30 米，远远望去，就像一座座小山丘。

　　从 20 世纪 70 年代开始，考古工作者陆续开始对这里的古墓进行考古发掘。1974年，莲塘村的村民在村北边挖土时，不小心挖出了一座长方形砖室墓，在墓中发现了陶器、铜镜、铜鐎壶和五铢钱。1976年、1983年和1984年，考古工作者对已被破坏的古墓进行了抢救性发掘，在这些古墓中发现了各种各样的文物，有陶器、铜器、铁器，还有珍贵的玉器、琉璃珠、玛瑙珠、水晶珠和金银饰品等。

石马坪古墓群出土的玉璧

石马坪古墓群出土的五联罐

石马坪古墓群出土的胡人俑

石马坪古墓群出土的铜镜

　　考古工作者还在墓砖上发现了纪年铭文"永平十六年作"。根据墓葬的形制和随葬器物的特征，可以推断这批古墓的年代大部分都为西汉前期到东汉早期，其中有两座古墓的年代甚至可以追溯到战国晚期。

"永平十六年作"铭文墓砖

◆ 是何性质?

既然秦城遗址里的两座古城并非同时所筑，那它们的性质是否会有所不同？

七里圩王城城址中散布着大量板瓦和筒瓦的碎片，一些瓦当和铺地砖上还装饰着精美的图案，这一切都在告诉我们：这里可不是普通的住宅区！七里圩王城的"出生日期"可以追溯到汉武帝平定南越国之后。那时候，秦城所在的今兴安县被汉武帝设置为零陵郡的零陵县和始安县，这两县大致以越城峤为界线，峤北是零陵县，峤南则是始安县。七里圩王城正好坐落在越城峤的南边。综合七里圩王城的规模、建筑年代，考古工作者推测王城应是汉代始安县县治。

七里圩王城城址出土的瓦当

再来看一下通济城。在进行考古发掘之前，通济城曾被广泛认为是秦末汉初南越国所建的越王城。但 2013 年开展考古发掘后发现，通济城城址中几乎没有南越国时期的典型器物。可见，通济城是南越国所筑的可能性不大。那它究竟是何人所筑，又作何用途呢？

灵

渠

通济城城址

通济城城址 2024 年发掘现场

前文提到，有人怀疑秦城其实是岭南地区越人所筑，但这一观点目前既缺乏历史文献记载又没有考古学的证据。从考古发现来看，考古工作者在岭南地区找到的古城，都是秦汉时期或更晚一些时候建的，尚未发现战国时期及之前的城址，而且岭南地区越人筑城的历史是从秦始皇统一后才开始的，筑城技术和方法均源于中原。因此，秦城为战国时期岭南地区越人所筑之说不能成立。

那么，秦城是否如史书中记载的那样，是"始皇发谪戍五岭之地"呢？

通济城的建筑年代大概是在战国晚期到汉初，这段时间包含了秦朝统治时期。不过秦朝存在的时间很短，从统一六国到灭亡仅有短短的十几年时间，因此除了王朝中心区域，其他地方留下的秦文化物品很少，远离王朝中心的岭南地区更是如此。到现在为止，考古工作者在岭南地区发现的能确定时代是秦代的遗物仍十分稀少。因此，在通济城城址里没有找到秦代遗物其实也是正常的。

尽管考古工作者没有在通济城城址里直接挖到写着"秦朝制造"的物品，但他们还是找到了好几条线索，证明这座城可能是在秦朝时修建的。

首先，通济城城址里挖出来的陶器，除了少数与越文化相关的几何印纹陶，更多的是具有楚文化风格的泥质软陶豆、盂、

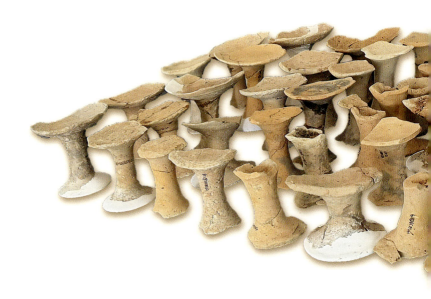

通济城城址出土的楚式陶豆

罐等。考古资料显示，战国时期楚文化已经悄悄渗入广西所在区域的北部地区，但具有楚文化风格的器物只是在墓葬和遗址中零星出现，像通济城城址这样出土大量楚器的情况，还是头一回见。那么，这些楚器为什么会在通济城出现呢？有个合理的解释是，它们是跟着秦朝的军队一起来的。秦始皇统一六国后，没多久就派大军南下征服岭南。可能其中有一支军队是从楚地来的，因此他们带的装备、日常用品，自然就有楚文化的味道了。

秦汉城邑：城邑体系建立

其次，在石马坪古墓群里也找到了秦文化风格的器物。如11号墓里随葬的附耳球形鼎、覆钵形盖圈底盒、长颈圆腹圈底壶等软陶器，既有楚墓的风格，又有点像秦墓的东西。也有专家认为，11号墓中的陶鼎具有强烈的秦器风格，与西安南郊秦墓里的器物差不多，而并不像有的楚式器物那样具有细长腿。还有22号墓里发现的罐子、瓮、瓶、三足盒等，都显示为秦汉之际的物品。

此外，从通济城城址中发掘出土的器物均没有典型汉代特征，而今时老百姓却在遗址区域捡到汉墓里非常流行的壶、铜钱等文物，说明到汉代通济城已经废弃，进一步佐证城址的始建年代早于汉代。

最后，通济城城址的地层堆积很薄，文化遗物单一，看起来就像是匆匆建起，又匆匆废弃，这刚好与秦军在今兴安县一带活动的时间有所吻合。

因此，虽然没有直接发现秦代物品，也没有找到鲜明的秦文化元素，但根据这些线索，考古工作者就像侦探一样，推测出通济城很可能是秦始皇攻打岭南时建的城。

目前，通济城的考古发掘正在进行中，并于2024年出土了大量铁器。别看它们现在只是一件件锈迹斑斑、几乎破碎的铁疙瘩，在当时可是最先进、最锋利的生产工具。当时岭南地区的铁器生产和使用并未普及，铁器大量出现于岭南地区很可能是因为军事活动，这或许可以成为通济城建于秦军统一岭南时期的最新佐证。

不过，通济城的规模很大，各种防御设施齐全，看起来不

通济城城址 2024 年出土的铁器

仅仅是为了打仗而建的，很有可能是作为一处类似现在地级市的地方行政中心来建造的。想当年，秦朝的军队人数众多，武器先进，士兵训练有素，打起仗来经验十足。他们还很聪明地挖了一条水道——灵渠，这让他们的军队所向披靡，迅速统一了岭南地区。不过，后来因为政治、军事中心慢慢南移，通济城不再那么重要，它也就从"主角"变为"配角"，成为一座普通的军事堡垒。

贵城：古今叠压的典型

◆▸◀◆

在贵港市热闹的老城区中的人民路一带，藏着一座神秘的古城，名为贵城。从 2008 年开始，考古工作者陆续对贵城遗址进行了 5 次考古发掘，去探寻那些藏在历史尘埃里的故事。

◆ 布山之争

在历史的长河中，"布山"第一次作为地名登场，是在《汉书·地理志》中："郁林郡，故秦桂林郡……县十二：布山、安广……"根据《后汉书》所述的规律"凡县名先书者，郡所治也"，布山县很可能就是郁林郡的郡治所在地。而郁林郡就是秦代的桂林郡。

布山县的位置，曾一度被称为"布山悬案"，在历史学界争论得热火朝天。有人说布山县在今桂平市，也有人说布山县在今贵港市。

主张"桂平说"的学者们手握一大堆古书作为证据，比如《旧唐书·地理志》就记载，桂平是汉代郁林郡的郡治所在。《通典》《南越志》《舆地广记》《太平寰宇记》《大明一统志》

《读史方舆纪要》《广西通志》等文献中也有类似记载和考证。桂平地理位置得天独厚，平原广阔，沃野千畴，水陆交通都很方便，黔江和郁江在此处交汇，注入浔江，再往梧州流去。沿着这条水道，上游可到柳州、南宁，下游直至肇庆、广州、韶关等地，还可以至出海口后沿海路北上。此外，桂平有一座历史文化名山西山，山上有一口乳泉，有些学者认为，"布山"这个名字就是由此而来，因为"布"在壮语里是"泉"的意思，"布山"就是有泉之山。同时，桂平还出土了许多文物尤其是铜鼓，是目前广西出土铜鼓最多的县级市。根据以上诸多因素，部分学者得出结论，桂平即为当时作为郁林郡县治的布山县。

不同于主张"桂平说"的学者们，主张"贵港说"的学者们的证据主要来自考古发现。那么，考古工作者是怎么一步步发现考古证据，确定布山在贵港的呢？

◆ 瓦砾成堆

2008 年 5 月，工人们在贵港市港北区政府旧址的建设工地施工时发现了大量不寻常的瓦片。这件事很快引起了当地博物馆工作人员的注意，他们立刻来到现场查看并进行了上报。6 月初，广西壮族自治区文物局组织专家来到现场仔细进行了考察评估，最后得出结论：这里可不是一个普通的地方，地下藏着一处等级高、规模大、延续时间长的古建筑遗址。于是，考古工作者带着各种工具，开始了对贵城遗址的第一次"挖宝"行动。他们发现了汉代的城壕、唐宋时期的城墙等遗址及秦汉至

贵城遗址散落的瓦片（谢广维供图）

贵城遗址中的汉代城壕（谢广维供图）

唐宋垫土

汉代堆积

六朝堆积

2008 年发现的贵城遗址城壕内底层堆积（谢广维供图）

明清时期的大量遗物，初步确定了遗址的性质。最令人惊喜的是，这类遗址在贵港乃至整个广西都是第一次发现，特别是汉代城壕和文化堆积的发现，为寻找桂林郡、郁林郡郡治提供了重要的考古线索，为破解"布山悬案"带来了希望。

◆ 千年一脉

2011 年的 6—10 月，考古工作者在贵港市原莲城宾馆所在位置，又进行了一次抢救性考古发掘。这次他们挖了整整 1000 平方米的范围，发现了唐宋时期的城墙及大量遗物。2017—2018 年，在贵港市原达开中学处，考古工作者对贵城遗址进行了第三次"寻宝"行动。这次抢救性考古发掘范围更大了，有 1300 平方米。在这次发掘中，不仅发现了汉代的护城河、建筑基槽，还发现了从秦汉时期一直到明清时期的生活用品和建筑材料。随后，在 2019 年的下半年，为了整治郁江两岸的环境，考古工作者对贵城遗址南城墙进行了大扫除式的清理。这次，他们又发现了唐代至清代的城墙及各个时期的生活遗存。

由于城址古今重叠，受人类活动影响较为频繁，各时期的城墙、城壕等残存基址要么被后代活动破坏，要么被填埋于地下。这些遗迹的布局是如何变化的，还需要考古工作者继续研究。不过，这里出土的东西可真不少，从建筑材料到陶器、瓷器，样样都有，演变关系也很清晰。这些宝贝为我们构建广西秦汉时期以来的物质文化史提供了最为系统的资料。

秦汉城邑：城邑体系建立

江

郁

遗

址

贵

城

贵城遗址及郁江

贵城遗址 2011 年发掘现场及发现的唐宋时期城墙（谢广维供图）

2018 年发现的贵城遗址汉代城壕剖面（谢广维供图）

 古城邑的沧桑

2018 年发现的贵城遗址建筑基槽（谢广维供图）

贵城遗址建筑基槽中出土的建筑材料（谢广维供图）

◆ 尘埃落定

对贵城遗址的多次考古发掘证明，贵城自秦汉时期起就一直有人居住，从未间断。贵城不仅仅是存在于某一时代的古城，它实际上承载了贵港所在区域历代郡治、州治、县治的故址。从秦代桂林郡郡治、汉代至六朝的郁林郡郡治，再到唐宋元时期的贵州州治，以及明清时期的贵县县治，贵城在这些时代都是重要的政治、经济中心。

在贵城遗址的周边，也分布着一片历史悠久的古墓群，这片古墓群的时代跨度从秦汉时期一直到明清时期，被称为贵县古墓葬群。其范围非常广，东西长约7.5千米，南北宽约4千米，遍布在南起郁江右岸南江村、北到南梧二级公路北边耕地、西达原贵县糖厂和西江农场，沿风流岭、大公塘，经旧飞机场，迤东至罗泊湾、南斗村和铁路桥范围内的多个地点。在此范围内，考古工作者已经发掘了500多座汉墓，出土了1万多件文物。每一次的发掘都为我们揭示贵港历史的更多细节。这些古墓前后相袭，共同见证了贵港古代的繁华，也提供了大量珍贵的历史资料。

根据考古资料，我们可以确定，秦代桂林郡、汉代郁林郡的郡治布山就在今天的贵港市港北区贵城遗址上。贵港作为广西纳入中原文明体系的初郡之地，在相当长的一段时间内，都是广西的政治、经济和文化中心之一，对广西历史文化的发展起到了非常重要的推动作用。

贵县古墓葬群中的罗泊湾 1 号墓出土的铜鼎（引自广西文物保护与考古研究所《广西文物考古 60 年》）

贵县古墓葬群中的凤流岭 31 号墓出土的铜马及驭车俑（引自广西文物保护与考古研究所《广西文物考古 60 年》）

草鞋村：对外贸易的中心

◆▶▶▶

◆ 墓群合抱

秦汉时期，城址与墓群往往相伴而生，如同那个时代的两面镜子，映照出当时社会的繁荣与变迁。

提及秦汉时期的遗迹，合浦汉墓群无疑是一个重要的代表，它以丰富的历史文化内涵和珍贵的文化遗存，吸引了无数考古工作者和历史爱好者的目光。而在合浦汉墓群东部不远处，有一处同样值得关注的遗址——草鞋村遗址。与合浦汉墓群相比，草鞋村遗址的发现与研究之旅启程较晚，但它同样承载着厚重的历史信息，等待着我们去发掘、去解读。

草鞋村遗址位于风景秀丽的合浦县县城西郊、紧邻草鞋村西侧的一座小山丘之上。考古工作者对它的了解始于 20 世纪 80 年代的调查发现。2007 年以来，考古工作者对这片神秘的土地进行了多次勘探与发掘，逐渐揭开了它的神秘面纱。

勘探结果显示，草鞋村遗址的城址大致呈长方形，由坚固的城墙与环绕其外的城壕共同守护。然而，由于岁月的侵蚀和人类活动的干扰，城址的整体布局与确切范围至今已略显模糊。

尽管如此，城内丰富的文化堆积与多样的遗迹，如精心开凿的沟渠、深邃的水井、散布的手工业作坊坑及错落有致的建筑基址，仍生动地展现了古代居民的生活场景。

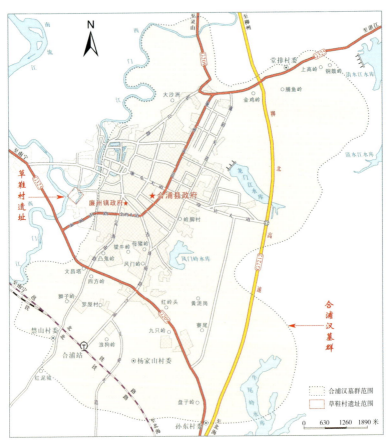

草鞋村遗址与合浦汉墓群位置示意图（蒙长旺供图）

草鞋村遗址建筑遗址（引自熊昭明等《广西合浦县草鞋村汉代遗址发掘简报》）

在出土的遗物中，建筑材料数量最多，主要为筒瓦、板瓦与瓦当。筒瓦与板瓦的表面以绳纹装饰，内部也巧妙融入乳钉纹与绳纹元素。此外，陶器也是出土遗物中的一大亮点，涵盖了罐、双耳罐、四耳罐、钵、碗、盆、灯、釜、三足盒、器盖、支座、陶拍、网坠等多种类型，每一件都承载着古人的智慧与生活的印记。

板瓦

筒瓦

草鞋村遗址出土的板瓦和筒瓦（西汉）（引自熊昭明等《广西合浦县草鞋村汉代遗址发掘简报》）

草鞋村遗址出土的瓦当

◆ 草鞋村遗韵

考古工作者将草鞋村遗址的历史划分为 4 个阶段，分别对应西汉中期、西汉晚期、东汉早期及东汉晚期至六朝时期。除了西汉中期，其余各阶段均以筒瓦、板瓦及陶器为主要出土器物。这些发现表明，早在西汉中期，这片区域就已经有人类活动的痕迹。到了西汉晚期和东汉早期，随着手工业作坊的兴起，这里成为满足周边大量建筑材料需求的重要生产基地，手工业作坊的位置也巧妙地遵循了汉代城市的布局原则。而到了东汉晚期至三国时期，这些手工业作坊逐渐被废弃，这片区域也转变为居住区。这一时期的大型建筑开始采用方砖铺地，显示了当时社会经济的进一步发展与百姓生活水平的提高。

从最新的考古发掘成果来看，草鞋村遗址不仅是两汉时期合浦郡郡治所在地，还是三国两晋时期珠官郡郡治所在地。在翻阅历史典籍时，我们了解到合浦郡与合浦县均是在公元前111年汉武帝平定南越国后新设立的郡县。然而，考古工作者在草鞋村遗址中发掘出的文物告诉我们，草鞋村的由来还有更多秘密。

草鞋村遗址出土的陶器（汉）

草鞋村遗址中的遗物包括表面装饰绳纹、内部饰以乳钉纹的板瓦，绘有云树纹的瓦当，三足盒，带有戳刺纹的器盖及部分罐、碗、钵等日常用具。令人惊讶的是，这些遗物的特征与南越国宫署遗址中出土的同类器物极为相似。此外，在遗址东南方向的文昌塔区域，考古工作者也曾发现不少属于南越国时期的墓葬。

草鞋村遗址出土的陶器（三国—晋）

秦汉城邑：城邑体系建立

将这些遗址中的遗物与墓葬中的遗物相互对照，我们可以推测，在汉武帝设立合浦郡之前，草鞋村一带可能就已经有了某种行政建制，只不过这种建制并未被当时的历史文献所记载。

　　草鞋村遗址的重要性不仅在于它曾是汉代合浦郡郡治所在地，还在于它曾是汉代连接中国内陆与海外的重要港口。这一城址的发现，不仅解开了长期以来合浦郡存在大量汉代墓葬却未发现城址的谜团，而且对研究合浦海上丝绸之路具有极其重要的价值。

勒马汉城：确切的汉代中溜

◆▶◀

◆ 大藤峡口

在秦代，有一个叫中留县的地方，它静静地坐落在今天的武宣县境内，是桂林郡的一员。那时的中留县，或许有着繁忙的市集，人们穿梭其间，交流着各种新鲜事。时间流转，到了西汉，汉武帝挥师南下，平定了南越国。随后，他将桂林郡的名字改为郁林郡。而中留县，也随之成为郁林郡的一分子，不过，它的名字在东汉时期悄悄变了，人们开始称它为中溜县，仿佛是时间的河流轻轻冲刷着"留"字，赋予了它新的记忆。

关于中留县，《汉书·地理志》透露了一个秘密。书中记载，汉武帝元鼎六年，也就是公元前111年，郁林郡的版图上赫然写着中留县的名字。而隋唐时期的学者颜师古在注解时提到，"留"其实是一条河的名字。因为"留"和"柳"发音相近，所以有推测认为"留水"也被称为柳水，进而演变为如今的柳江，而柳江正是黔江的上游。

考古工作者根据书中的线索，找到了一处位于黔江和东乡河交汇处的古城遗址。遗址的东南方向是大藤峡的入口，地势

秦汉城邑：城邑体系建立

大藤峡

险要，战略位置极为重要。遗址的地理位置与史书中描述的中留县正相吻合。通过科学的方法测定，发现遗址的年代也恰好与中留县的历史时期相一致。这处遗址中隐藏的古城，便是勒马汉城。

◆ 勒马汉城

　　勒马汉城是一座有智慧的古城，它巧妙地利用大自然的馈赠——江河、低谷和山峦，为自己筑起了一道道天然的屏障。黔江在这里两次转折，加上东乡河从北向南的注入，使得勒马汉城三面环水，北面是低洼之地，而南面和东面则有连绵不绝的高山，仿佛是大自然对这座城的特别守护。

秦汉城邑：城邑体系建立

勒马汉城遗址（引自广西文物保护与考古研究所《广西文物考古60年》）

勒马汉城的布局十分讲究，平面结构略呈"凸"字形，轴对称的设计让人赞叹不已。核心区域是北部的一座方形高台，高台上均是重要的建筑。而高台四周，则环绕着一条"回"字形的壕沟，就像为古城戴上了一条华美的项链。中轴线的南端，是一条由江进城的道路，道路两旁的建筑群和壕沟，为古城增添了几分威严与庄重。高台建筑及道路两边的建筑都以南偏西20度朝着同一个方向——中轴线方向，仿佛在向某种神秘的力量致敬。

◆ 高台建筑

2017年12月，以配合大藤峡水利枢纽工程建设为契机，考古工作者踏上这片沉睡千年的土地，展开了一场与时间赛跑的抢救性发掘。两年多的时间里，他们小心翼翼地揭开了古城的面纱，发掘面积达3150平方米，勒马汉城的故事得以为人所知。

这座古城的故事，要追溯到秦代至西汉初期。那时，高台、壕沟、道路等主要基础建筑已建设完毕。高台是利用土山修筑而成，筑台时将高处整平，在低处垫土抬高，使顶面呈长方形。从壕沟底部到高台顶面，原高低落差超过5米，站在高台上，可以俯瞰整个古城。

高台上面的西汉前期建筑为三进院落式布局，边角痕迹清晰。建筑四周是土墙。第三进保留的塌落瓦片数量最多，底部铺垫的木板和枕木炭痕仍清晰可见。中部厅堂周围分布有柱洞，前面还有排水沟。第二进和第三进保存了部分窗户和梁架等木

构件炭痕，它们之间有天井和蓄水井。每两进之间的庭院活动面都用河卵石铺垫，显得古朴而典雅。

古城周围的壕沟呈"回"字形，沟体剖面呈 V 形，内壁与高台外壁连为一体形成陡坡。西面壕沟从高台中部西侧，自北向南延伸，然后往东转折，再往南转折，直通江边。东面壕沟上段与西面壕沟对称，下段被雨水侵蚀成大冲沟。壕沟就像古城的守护者，坚定不移地驻守在这片土地。道路则位于高台南面中轴线上，用鹅卵石铺垫，经过多次修补，仍然坚固如初。

勒马汉城主要结构及设施（蒙长旺供图）

秦汉城邑：城邑体系建立

在古城的某个角落，还隐藏着门楼的基础。已发现南北3排、东西5列共15个柱础，相邻两个柱础的间距恰到好处。柱础的平面形状为外方坑内圆洞，方坑里面的垫土致密结实，中间圆洞里面的泥土松软发黑。北部柱础上面还遗留有成片的木构件炭痕，仿佛在诉说着古城曾经的辉煌。

古城年岁已久，但它并没有被时间打败。西汉前期，壕沟开始淤积。到了东汉前期，高台周围的壕沟基本积满，道路两面的壕沟也填积过半。可是古城并没有因此衰落，居民将建筑区逐渐往壕沟及外围拓展，展现出古城顽强的生命力。在高台上面，西汉前期的建筑曾遭遇大火的焚毁，但人们并没有放弃

勒马汉城遗址出土的木构件碳痕（蒙长旺供图）

古城。他们取来净土垫平瓦片堆，再起建筑，仿佛是在向世人宣告：这座古城，不会轻易倒下。

◆ 秦汉中留（溜）

在这座古城里，高耸的高台、深深的壕沟、宽阔的道路、古老的建筑基址、深邃的井、纵横交错的灰沟和灰坑以及规律的柱洞都在诉说着往昔故事。考古工作者在发掘过程中还找到大量遗物：瓦片、木条等建筑材料，以及陶器、铜器、铁器、石器等生活用品。这些遗物和遗迹，就像一枚枚时间的印记，把人们带回那个遥远的秦汉时期。

出土遗物中，瓦的数量最多，有筒瓦、板瓦、瓦当3类，它们就像披在这座古城身上的一层厚重的铠甲，也见证着那个时代的建筑技艺和人们的生活方式。同时，一些被火烧炭化的木构件也吸引了考古工作者的目光。它们虽然经历了千年风雨，但依然能够清晰地反映出木板、垫木的铺垫方式。这些木构件，曾经是西汉时期高台上厅堂的底部，它们默默地支撑着整个建筑，承载着那个时代的辉煌。至于出土的陶器，形态各异，纹饰繁多，主要有瓮、罐、盒、杯、盆、盘、壶、钵、盂、灯、纺轮、网坠等生活用品。这些陶器就像一件件小小的艺术品，诉说着那个时代人们的生活故事和审美观念。此外，还有一些铜器，包括镞、印章、钱、镜等，其中镞的数量最多，达到了30件。其中有一枚东汉时期的"中溜丞印"铜印章，更是成为了解开这座古城秘密的关键。

勒马汉城遗址出土的西汉云树纹瓦当（引自广西文物保护与考古研究所《广西文物考古 60 年》）

勒马汉城遗址出土的西汉陶盒（引自广西文物保护与考古研究所《广西文物考古 60 年》）

勒马汉城遗址出土的东汉瓦当（引自广西文物保护与考古研究所《广西文物考古 60 年》）

秦汉城邑：城邑体系建立

这枚方形的铜印章上面有一个瓦形的钮，印面上刻着阴文篆书"中溜丞印"4个字。它不仅仅是一枚简单的印章，更是一位历史的见证者，告诉我们这里曾经是东汉时期中溜县的重要机构所在地。这枚印章的发现，与文献中记载的秦汉中留（溜）县地望完全吻合，而这样的考古发现与文献记载相互印证的研究实例，在全国秦汉城址考古中都是罕见的。这枚印章如同最重要的一片拼图碎片，补全了勒马汉城城址性质的大拼图。

除了城址本身，考古工作者还在城址的东北、东南、西南三面发现了窑址。它们依山傍水，应该是古代工匠们精心挑选的制陶之地。道路西面壕沟底部出土的西汉前期冶铁炉渣、鼓风管，是广西境内已发现的最早的冶铁遗存。还有一片墓葬群静静地躺在城址西面的黔江两岸丘陵上，默默地凝望着这片土地上人们的生死离合。就这样，城址、窑址和墓葬群等功能区，共同将这座秦汉古城的全貌拼贴完整。

中溜丞印（蒙长旺供图）

勒马汉城看似是一座普通的古城，其实是秦始皇施行郡县制之后在岭南创建的第一批城之一，更是广西最早设置的 4 个县的县治之一。它扼守着大藤峡的入口和交通要道，是重要的交通枢纽和军事要塞。在这里，行政、军事、关防融为一体，共同守护着这片土地的安全和繁荣。

　　除了勒马汉城，广西还发现了许多类似的古城遗址，如龙州庭城遗址、南宁三江坡城址、平乐河口城址、贺州高寨城址等。这些古城都像勒马汉城一样，直接利用临江土山夯筑台基构筑而成，展示了这一时期此类城的整体风貌及布局营建特征。这些古城就像一位位历史的见证者，诉说着那个时代的辉煌与变迁。

秦汉城邑：城邑体系建立

庭城：骆越深处的汉城

◆▶◀◆

◆ 骆越深处

在遥远的先秦至两汉时期，广西所在区域孕育着两个声名显赫的族群——骆越与西瓯。骆越族群主要生活在我国广西西部至越南北部的广袤地带。他们拥有鲜明的本土文化特色，是那片土地上土生土长的"当地人"。

当我们追溯广西地区的汉化遗迹时，会发现一个有趣的现象：这些遗迹大多分布在广西的北部、西部及南部区域，而在广袤的西部腹地，汉化的痕迹却相对稀少。然而，庭城遗址却一反常态，它作为一座汉城，如同一颗与众不同的宝石，镶嵌在了骆越族群的心脏地带。这不禁让人好奇：这座城究竟隐藏着怎样的故事呢？

庭城遗址位于广西崇左市龙州县，坐落在一片由明江与丽江交汇形成的半岛的二级台地上。这处遗址距离明江和丽江现在的江面大约有 20 米的高度差，给人一种居高临下的感觉。站在遗址的东北边，就可以隔着明江与上金乡政府遥遥相望。如果转向西南方，只需走 400 米，就能到达另一处古老的遗址——舍巴遗址。望向西北面，会发现石厂屯静静地坐落在丽江的另一边。

从形状上看，庭城遗址就像一个椭圆形的盘子，地势相对平坦，但四周边缘却有些陡峭，像为了保护这座古城而自然形成的屏障。遗址的西面紧紧挨着丽江，而在东面、南面的一级台地上，则有一片宽阔的平地，仿佛是大自然特意为这里准备的舞台。明江从遗址的东面和南面流经这片平地，最终在三角洲的地方与丽江交汇，然后相拥着流入左江。

值得一提的是，尽管岁月流转，但庭城遗址的地表并未遭受到太大的破坏。除有村民在这里种植甘蔗外，它依然保持着原有的风貌，静静地等待着我们去探索和发现。

◆ 考古发现

考古工作者在2013—2015年对庭城遗址进行了两次发掘。在这两次发掘中，考古工作者采用了一种叫作"象限布方法"的妙招。他们先找到一个起点，就像探险家找到藏宝地的入口一样，然后按照东、南、西、北4个方向划分出4个区域。接着，他们就像建筑师一样，在计划发掘的地方，精确地布设了探方和探沟。在发掘过程中，考古工作者发现了3个不同时期的文化遗存，就像打开了3个时空宝盒。第三期文化遗存中的器物年代较晚，比如出土的四系罐，具有六朝时期和唐代的风格；而一系列瓷器则散发出唐代的气息。第二期文化遗存中的器物则具有典型的汉代特征，那些绳纹瓦片和云树纹瓦当，让人仿佛穿越到了西汉时期，回到距今2000多年的时光中。第一期文化遗存中包括石制品和夹砂陶片，其中磨制的双肩石斧制作精美，带规整切割痕迹的石块质地坚硬，它们都具有典型的新石器时代晚期特征。发掘过程宛如翻阅一本尘封已久的历史相册，让我们能够清晰地目睹新石器时代晚期人们的生活风貌。

庭城遗址地层堆积（引自广西文物保护与考古研究所《广西文物考古 60 年》）

古城邑的沧桑

庭城遗址发掘现场（引自广西文物保护与考古研究所《广西文物考古60年》）

秦汉城邑：城邑体系建立

庭城遗址

左　江

庭城遗址

秦汉城邑：城邑体系建立

庭城遗址出土的散水（引自广西文物保护与考古研究所《广西文物考古60年》）

庭城遗址出土的箭镞（引自广西文物保护与考古研究所《广西左江花山考古（2013～2016）》）

庭城遗址出土的文字板瓦（引自广西文物保护与考古研究所《广西文物考古60年》）

◆ 遗存性质

考古工作者推测，庭城在汉代是一座使用时间不长的军事城堡，就像一名勇敢的士兵，静静地守卫在两江交汇的半岛上。这座半岛可是个战略要地，它就像一把锁，紧紧扼住了两江的交通咽喉，让敌人难以靠近。而庭城更是巧妙地利用了三面环水的地理环境，使自身易守难攻，如同一座天然的堡垒。同时，这里水路四通八达，信息传递起来特别方便，堪称古代的"信息集散中心"。

考古工作者在发掘过程中还发现了一个秘密：庭城原来并

没有城墙！当时的人们根据地势的高低，填低掘高，硬是把这片土地变成了一块又高又平坦的台地。然后，他们就在这块台地的西南侧和东北面建起了房屋，但因为面积有限，所以建筑规模都不会太大，住不了太多人。在发掘的时候，考古工作者只找到少量的生活用具和兵器，如陶器碎片、铜镞和铜钺之类，这也从侧面证明了在庭城居住的人口有限。

城遗址出土的遗迹和遗物都具有西汉早中期的特点，这也说明，庭城的使用时间并不长，如同一首短暂的插曲，在历史的乐章中翩然而过。那么，庭城遗址到底为何而建？考古工作者猜测，它可能就是汉代雍鸡县的县治所在地，以一个小小行政中心和军事基地的身份，守护着这方天地。

六朝至明清城邑：
拱卫边疆的基石

从六朝的越州故城，到明清时期的桂林府，一砖一瓦都承载着历史的厚重；从越州故城的青牛传说，到百银城的广马贸易，每一处遗址都传唱着一段传奇的故事。这些城邑是拱卫边疆的基石，承载着丰富的政治、经济和文化信息，诉说着岭南地区从边陲之地到区域文化交融中心的转变。让我们沿着历史的脉络走进六朝至明清时期的这些古城，了解它们的兴衰更迭，感受它们经历的辉煌与沧桑。

越州故城：六朝时期广西最大的城

◆ ▶◀ ◆

越州故城坐落于钦州市浦北县石埇镇坡子坪村附近，南濒南流江，西北面有高山环抱，北面和东面为相对平坦开阔的丘陵地带。越州故城是国内保存较好的南朝城址之一，对研究南朝历史、文化有着重要价值。

◆ 古城溯源

越州故城的历史可以追溯到 471 年，即南朝宋泰始七年，当时的交州和广州的部分地区合并而新设越州。关于越州的由来有一个与青牛有关的故事，所以越州还有一个别称——青牛城。

《南齐书·州郡上》记载，越州最初是合浦郡北部的一个偏远地区。这里生活着很多当地的少数民族，他们住在山里，过着隐秘的生活。这个地区一直没有被正式纳入朝廷的管理，该时期这片区域内盗贼横行，百姓生活很不安定。到了南朝宋泰始年间，有一位名叫陈伯绍的官员，在一次打猎中遇到了一件奇怪的事。他在北方的荒野中看到两头青色的牛突然受惊跑进了草丛里，于是派人去追，但没有找到。他认为这是个好兆头，便决定在这里建立一个新的行政区域——越州。

起初，越州下设百梁、陇苏、永宁、安昌、富昌和南流6个郡，并从广州和交州划出一些地方归属越州管辖。到了元徽二年（474年），陈伯绍被任命为越州的第一任刺史。他开始着手建设州镇，开凿自然山体作为城门以加强防御，同时通过恩威并施的手段管理当地的百姓。刺史通常忙于军事事务，主要任务就是维护当地治安。

但是，越州并不是一个适宜居住的地方，那里多有瘴气，对人有害，甚至能够置人于死地。交州也多瘴气，从汉代起，交州刺史每到夏天就会搬到高处躲避瘴气，而相比之下，越州的瘴气更加严重。

到南齐末，越州的管辖区域大大扩张，东至茂名，南至雷州半岛，西至北仑河畔，北至容县一带均纳入越州的管辖范围。作为与交州、广州并列的大州，越州在南朝时期的政治版图中占有极其重要的地位，不仅承载了丰富的经济活动，也是文化交融的重要场所。尽管经历了千余年的风雨，但越州故城仍然保留了许多珍贵的历史遗迹。

◆ 古城遗珍

早在1963年，广东省博物馆文物工作队就对越州故城（当时此地属广东省管辖）的内城进行了试掘。这次试掘中，他们布设了一条10米长的探沟，在其中发现了铺地砖面，并出土了一批陶瓷器，包括简瓦、板瓦、兽面瓦当及水波纹陶罐残片、青黄色釉陶碗残片等。

　　随后的数十年里，越州故城迎来了更多的考古活动。1983年7月，广西壮族自治区文物工作队对越州故城进行调查，发现了2把铁剑及瓦当等一批陶瓷残片。2009年5月，广西文物考古研究所对越州故城周边望圩岭、白坟岭、后背岭、黄竹塘岭分别暴露出的4座古墓进行发掘，出土了一批南朝时期的陶瓷器。2019—2022年，广西文物保护与考古研究所联合中山大学对越州故城进行了连续4年的主动性考古发掘，发掘面积累计4000平方米，发现了多种遗迹，并出土了大量遗物：清理出城门1道，解剖墙体6段，发掘院落、大型建筑基址、排水沟渠、散水、沙井、水井、灶、灰坑等遗迹500余个，出土各类遗物5000余件（套）。可以说，这些考古工作取得了非常重要的成果。特别是在2019年的发掘中，发现了独具特色的人面纹瓦当，这种瓦当在六朝都城建康（今南京）和交州也有发现，但在广州和贵港等地尚未见过，此次其在越州故城的"现身"显示出越州与建康和交州之间的密切联系。

　　通过对越州故城遗址中出土的炭化稻米进行检测，可以推测出这粒稻米大概存在于418—587年，与文献中越州于474年始立州镇、隋大业初年（605年）废州迁移治所的记载相互印证。整座古城的建设充分利用自然地形，依山而筑，坐北朝南。城内地势北高南低，南面有河道直通南流江，使得水路运输非常便利。

　　越州故城由外城和内城构成。外城形状不规则，东、南、西三面的城墙都比较直，北面的城墙则沿着山脊蜿蜒，有的地

古城邑的沧桑

方直接用天然的山体作为屏障。整个外城周长 2080 米，总面积约 25 万平方米。通过解剖西城墙发现，西城墙建造时为先夯筑墙芯再堆护坡，墙基宽约 12 米，墙体只残余 2.6 米高。城墙的东南角、西南角各有一座角楼，东墙上有一座马面，南墙、西墙、北墙各有两座马面。城墙外大约 15 米的地方还挖了一条护城河，宽约 8 米，深约 1.5 米，这相当于给古城加了个"水盾"。城门、城墙（角楼、马面）、护城河形成坚固的防御体系，整座城的防卫意图十分明显。古城有两座城门，分别位于东墙中部、北墙中部。这两座城门都是从自然山体中凿开门道而建，东门门道长约 50 米，北门门道长约 80 米，与文献记载越州"穿山为城门"相符。

越州故城台基包砖及倒塌堆积（林强、韦伟燕供图）

越州故城遗址

越州故城遗址（林强、韦伟燕供图）

江
流
南

内城位于外城的西部，呈长方形，长 250 米，宽 160 米。内城城墙的墙基宽约 8 米，现仅残留约 1 米高的墙体。城墙上散落着许多板瓦、筒瓦，意味着城墙上或许曾建有其他建筑。内城城墙外也有一条护城河，宽度和深度均略小于外城的护城河。

越州故城周边的墓葬群主要位于城外西部、北部、东部低矮的丘陵上，墓葬分布零散，距离城址最近的仅 250 米，最远的则有 5 千米之遥。2022 年 2 月，有人在城址周边种植桉树时意外发现了古墓，考古工作人员赶紧对暴露出来的 5 座砖室墓进行了抢救性发掘。这些墓平面都是长方形，出土随葬器物有瓷罐、瓷碗、瓷盘、铁棺钉、滑石猪、贴金铜带扣、金戒指等器物。

在越州故城遗址内还发现了与冶铁有关的作坊遗址及鼓风管、坩埚、大量铁器和铁渣等，这对于研究南朝时期岭南地区冶铁业的发展具有重要价值。遗址出土的兽面纹瓦当形制多样，丰富了六朝瓦当体系。出土的遗物中有属于印度—太平洋地区的产物玻璃珠，推测是通过海上丝绸之路从南亚、东南亚地区传入的。这一发现为深入研究南北朝时期中外文明交流提供了新资料。

越州故城遗址是目前岭南地区发现的规模最大、保存最好的南朝时期城址，其建城年代明确、布局清晰、结构独特、选址理念凸显、防卫意图强烈，不仅对岭南地区南北朝时期考古遗存的分期断代具有标尺性意义，同时为研究南朝州治类城址的形制特征、探讨中国古代城市制度发展史提供了宝贵资料。这座古城见证了中华文明多元一体格局下南朝对该地区的管理开发，具有不可替代的历史价值。

玻璃珠

兽面纹瓦当

陶罐

越州故城遗址出土的器物（林强、韦伟燕供图）

钦江故城：羁縻制度下的州治

·▶◀·

钦江故城位于钦州市东北方距市区约 25 千米的久隆镇沙田村，依偎在钦江西畔。钦江，这条生命之河，自北向南流淌，最终汇入北部湾，见证着这片土地的兴衰更迭，也滋养着这片土地上的自然生态和人文历史。

◆ 发现与探索

钦江故城的历史可以追溯到秦代，象郡的设立标志着这片土地被正式纳入大一统版图。诸多古籍中也记录了钦江故城在不同朝代的历史变迁。《元和郡县图志》中所记"钦江，在县东二百步"与如今钦江故城遗址往东约 200 米即为钦江的现实情况高度一致。目前，考古工作者还未在钦江西岸发现其他属于该时期的城址。因此，结合史籍记载与发掘情况，钦江故城很可能就是隋唐时期今钦州所在区域州治钦江县所在地。

钦州所在区域在隋唐时期虽然名义上是一个正式的州，但是实际上并不是由中央直接管理的。它是在一种特殊的行政管理方式——羁縻制度下运行的。羁縻制度是古代朝廷对边远少数民族地区采取的一种因俗自治的民族政策。在这种制度下，地方的权力在很大程度上掌握在当地有势力的家族手中。在钦州，这个家族就是宁氏家族。自南朝时期起，宁氏家族就已经控制了钦州地区。到了唐武德初年（618年），宁氏家族的宁长真还被正式任命为钦州都督。

1963年，广东省博物馆文物工作队首次勘察了这处遗址，揭开了它的神秘面纱。1977年，广西壮族自治区文物工作队再次来到这里，发现了许多珍贵文物，包括鎏金小佛像、莲花瓣瓦当、席纹陶片、绳纹砖等。1981年，钦江故城被列为广西壮

钦江故城遗址出土的鎏金佛像（钦州市博物馆供图）

族自治区重点文物保护单位。2015年6月，为配合"海上丝绸之路重点遗存调查"项目，进一步解开这座古城的秘密，四川大学考古文博学院、广西文物保护与考古研究所和钦州市博物馆联合对钦江故城进行了全面的考古调查，获取了更多关于古城的信息。

◆ 古城风貌

钦江故城保存得比较完好，城圈夯土（城墙）依然暴露在地表上。整个城址平面呈长方形，南北长约200米，东西宽约180米，总面积约3.6万平方米。古城的南北城墙上各有一个宽约6米的缺口，这是怎么回事呢？考古工作者推测，这两处缺口就是南北城门所在。而今，公路也从南北城墙缺口处穿城而过。此外，城墙西南角和东北角也各有一个缺口，分别宽约

城墙遗址

钦江故城城墙遗址

6 米和 4 米，这两处缺口可能是为了方便行人进出或通风而设计的。现存的城墙比地面高出 4～10 米，墙基宽 8～15 米，墙顶残宽 1～4 米，墙体的剖面是一个下宽上窄的梯形。城墙采用这种设计，不仅坚固，还能有效防御外敌。

在城址的南面、北面和西面，还发现了与城墙走势一致的城壕。这些城壕比城外的地面低约 1 米，尽管历经岁月磨洗，但至今仍旧可见。城壕为圜底，即底部是向外凸起的圆弧状，和我们现在炒菜用的铁锅锅底弧度相似，剖面略呈长方形。城壕的土质、土色都与城墙夯土相似，据此推测，城壕和城墙是同时修建的。三面的城壕宽度基本一致，都为 10～11 米，但是深度各有不同。东城墙外没有城壕，而且此面地势较低，那么此面的防御应该如何进行呢？原来，东城墙往东 200 米就是钦江，那时的人们或许直接把钦江当成了天然城壕。

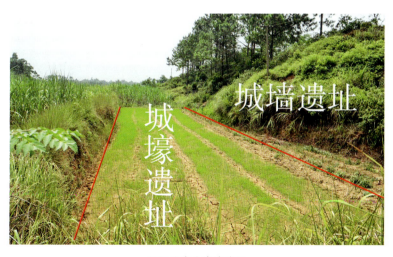

钦江故城北城壕遗址

六朝至明清城邑：拱卫边疆的基石

人

城墙

城壕

钦江故城

钦江故城主要结构

钦

江

河
道

钦江故城南城墙剖面（钦州市博物馆供图）

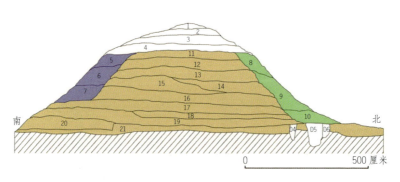

墙体剖面呈梯形。不同的数字代表不同的夯层，相同颜色代表土质、土色和形成时代相对较接近。

钦江故城南城墙剖面结构示意图（引自刘芳等《广西钦州钦江故城考古调查简报》）

古城邑的沧桑

钦江故城遗址出土了许多珍贵的遗物，包括陶器、瓷器、建筑材料和铜器等。陶器数量较少，以泥质灰陶和夹砂红陶为主，器型有多系罐、釜、罐和盆等。瓷器以青黄釉、青釉瓷器为主，另有少量酱黄釉瓷器，器型以多系罐为主，还有少量盏、碟等。建筑材料包括瓦当、筒瓦和条砖等。这些遗物不仅为我们提供了丰富的历史信息，还反映了当时人们的生活状况和文明程度。

在久隆镇的新圩村、高明村一带及平吉镇的古隆村、独竹村一带的大雾岭东麓，发现了许多隋唐时期的墓葬，仅通过1976年的调查，就发现了砖室墓30余座。1977—1981年，考古工作者在久隆镇的青草村及新明村石狗坪又清理出7座墓。这些墓主要为中小型墓，使用砖块建成，顶部呈拱形（券顶），通常由墓道、甬道和墓室3个部分构成。墓的形制多样，有呈"凸"字形的单室墓，也有类似"中"字形或"串"字形的前后室结构墓，还有个别是2个墓室并列的合葬墓。这些墓的墓室地面通常设计成前低后高，而且很多墓室内部设有壁龛或头龛，用于放置随葬器物或安放死者遗体。总体而言，这些墓葬的形制特征与六朝时期的墓葬相比，差别并不大。对这些墓葬的细致考察同样能让我们深入了解当时居民的日常生活。

墓葬中的随葬器物种类繁多，有陶器、瓷器、铜器、铁器、玻璃器、玉石器等，以陶器、瓷器居多，也有铜镜、铜杯及金钗等金属器。宁氏家族墓地出土的青瓷罐等器物，与在钦江故城中发现的同类器物十分相似，可见墓葬与城址关系密切。此外，有一面出土铜镜上刻有一段铭文："淮南起照，仁寿传名。

高足琉璃杯

陶六系罐

陶四系罐

瓷唾壶

瓷碗

瓷杯

久隆镇隋唐墓中出土的随葬器物（引自广西文物保护与考古研究所《广西文物考古 60 年》）

古城邑的沧桑

琢玉斯表，熔金勒成。时雍炎晋，节茂朱明。援模鉴澈，用拟流清。光无亏满，叶不枯荣。图形览质，千载为贞。"这面铜镜无论是纹饰还是镜铭都十分精细，从铭文内容和整体风格上可以看出是典型的隋至初唐之物。最为独特的随葬器物当数玻璃高足杯，呈青绿色，透明度很高，显然是舶来品。这些随葬器物不仅展示出当时高超的制作工艺，还反映了当时钦州所在区域与外部世界的交流和贸易情况。

◆ 海上交通枢纽

与隋唐时期的内陆州县相比，钦江故城面积较小；与施渡坡古城、归义古城、容州古城等军事色彩较为浓厚的隋唐时期城址相比，钦江故城又表现出更加注重对内河与外海的航运控制的特点。

在钦江故城，除了发现沟通城址与河流的人工河道，还发现了沟通河流与外海的人工运河。通过这条运河，人们逆流而上可以到达更深远的内陆水系，顺流而下则可以很快到达开阔的外海。汉代以后，虽然受行政区划调整、地理变迁、泥沙淤积等因素影响，合浦港逐渐失去了海上丝绸之路贸易中心的地位，但是北部湾依然是海上交通的重要枢纽，钦州仍然发挥着不小的作用。据考证，钦州是唐代的发航地之一，商船、僧人等多从此地出发，前往东南亚、南亚等地。当时，朝廷也颇为重视对钦州的开发，多次修整钦州通往东南亚国家的水路交通。水路运输的便利，使钦州得以发展盐业、制瓷业和造船业等产业。同时，这种便利还促进了该地区港口和贸易的繁荣发展，使钦州在隋唐时期成为海上航运的重要节点。钦江故城作为当时钦州的行政、文化和经济中心，通过人工河道和人工运河连接内河与外海，形成"江海一体"的航运体系，在该时期内河与外海航运及海上贸易体系的建立与完善方面发挥了至关重要的作用。

百银城：横山寨与博易场

◆ ▶◀ ◆

百银城位于百色市田东县祥周镇百银村，坐落在右江北岸的台地上，是右江流域迄今为止发现的年代最早、规模最大的古城。虽然我们将它称为"百银城"，但并不意味着历史上此处真的存在过名为"百银"的城镇。事实上，根据城址规模及出土遗物判断，这个地方应是两宋时期右江流域的一个重要军事要塞——横山寨。

那么，为什么会叫它"百银城"呢？这其实来源于考古遗址命名的一般惯例。考古工作者在不确定遗址原名时，通常会采用遗址所在地的最小地名单位为其命名。在这里，正是百银村这个小小的地名，赋予了这座古城一个响亮的名字——百银城。

◆ 百银城的考古发现

百银城隔壁的右江，凭借其得天独厚的地理位置，成为如今华南地区通往西南地区的交通要道。但在宋代初期，广西这片土地并没有得到朝廷的充分重视，而是被视作边远之地，甚至逐渐被人遗忘。朝廷对这里采取的是一种较为松散的羁縻政策，仅维持表面的臣属关系，更像是一种名义上的统治，而不是实质性的控制。这种治理上的轻视态度，使整个广西所在区域的发展相对受限，左江、右江流域等广西西部地区的生产力发展更显缓慢。直至宋仁宗时期（1022—1063年），朝廷才在邕州设置了横山寨。《宋史·地理志》中记载：邕州共控有44个羁縻州、5个羁縻县和11个羁縻峒。这些羁縻州、羁縻县、羁縻峒分别由太平、横山、永平、古万、迁隆5个寨管辖，其中横山寨管辖的数量最多。《岭外代答》中说，横山寨是当时（宋代）通往西南地区的必经之处，说明横山寨在交通和军事上都处于重要地位。作为一个军事行政单位，横山寨不仅起到了羁縻和控制的作用，还肩负着防范外敌的重任。

2011年，为了配合右江鱼梁航运枢纽工程建设，广西文物保护与考古研究所对百银城遗址部分区域进行抢救性发掘，让我们对这座古城有了进一步了解。百银城的城址平面形状近似梯形，呈东北—西南走向。它的东、西、北三面至今仍保留着城墙及城壕，南面为临江断坎。这个断坎是右江一级台地和二级台地自然形成的，高度大约为6米，当时的人们可能直接利用这个天然断坎代替城墙作为城防工事。东、西、北三面的城壕中，北面和东面的城壕保存相对较好，宽度为20～30米，而西面城壕由于后期人为破坏和自然淤积，形状和痕迹已经很难辨认。百银城的三面城墙长度不一，西面城墙长约160米，北面城墙长约208米，东面城墙破坏稍严重，长度在130米左右。城墙残存高1～5米，底座宽度一般在20米左右。城墙的

百银城西城墙剖面（引自广西文物保护与考古研究所《广西文物考古60年》）

建造工艺非常讲究，先用瓦片及砾石奠基，再用黄土层层夯筑，每一夯层的厚度为 0.2～0.5 米，夯层之间还垫有大量瓦片，使墙体极其坚固致密。

在百银城内，考古工作者发现了大量两宋时期的遗物，包括布纹瓦片及陶瓷器。除此之外，还发现了陶窑、灰坑等遗迹，出土了砖、瓦、瓦当等建筑材料。城中瓷器除大量来自广西东南部地区的青白瓷器外，还有部分来自其他地方，如江西景德镇、福建等。这一现象不仅揭示出瓷器是宋代商品经济的一个重要部分，也反映出广西在宋代贸易中的活跃地位和当时的经济文化交流水平。

百银城遗址出土的瓷碗（第一、第二行）和瓷杯（第三行）（引自
广西文物保护与考古研究所《广西文物考古 60 年》）

◆ 大名鼎鼎的广马

横山寨是两宋时期对外贸易的 4 个地方之一，其余 3 处分别是广南西路的永平寨、钦州及海南岛。海南岛是南海诸国商人的贸易集散地，而永平寨和钦州一从陆路、一从水路面向交趾博易。横山寨则面向西南地区博易，主要进行官方的马匹买卖，朝廷从这里买入的马匹，就是远近闻名的"广马"了。

那时，宋与北方民族政权辽、西夏、金等对峙，战马的需求量非常大。除官民牧养外，向周边的民族购买也是一个重要的战马来源。北宋建立后，因为与契丹、党项的关系不好，而女真又太远，不方便打交道，所以吐蕃诸部成为其最主要的买马对象。即使如此，元丰年间（1078—1085 年），北宋朝廷还是专门设置了机构和人员，在左江、右江地区筹办买马事宜，只是当时马源较多，因此在广西的马匹贸易并不占重要地位。

南宋时期，朝廷主要从川秦、淮北和广西这三个地方买马，从川秦和淮北买来的马，分别被称为"西马"和"淮马"。淮马并不好买，有很多限制。西马最初不仅品质优良，数量也相当可观，但到了绍兴元年（1131 年），南宋失去了对西北五路的控制，使得西马的来路几乎完全断绝。于是，广马进入朝廷的视野。特别是，从静江府（今桂林）出发运送马匹到临安（今杭州）的路程比从其他两处地方出发要短得多，因此购买广马就变得顺理成章。绍兴三年（1133 年），邕州设立提举买马司，专门负责广马的买入。起初，到底将广西的买马场设置在哪里还引发了讨论，宾州、宜州均是备选地。直到淳熙元年（1174 年），才最终确定从横山寨买马。后来，又有巡检驻扎到横山寨，负责守卫和巡视交易。此外，还常设知寨、主簿、都监3种官职共同负责买卖事宜。

当时，朝廷每年通过横山寨买马上千匹，最多的年份甚至达到了3500匹。由于战事频发，战马需求量极大，即使允许购入的马匹质量标准不断降低，买入的马匹数量仍然不能满足军队的需求。为了能够购入更多马匹，朝廷还采取了奖励措施，比如卖马达300匹的商人，奖励锦缎1匹、盐50千克等，对超额完成购马任务的官员也给予奖励。

◆ 横山寨的兴衰

横山寨的建设始于广马，也兴盛于广马。这里的贸易虽然以广马贸易为主，但民间贸易也在广马贸易的刺激下繁荣起来。横山寨所在的百越古道，自古以来就是岭南地区通往西南地区的交通要道，主要的交通道路除中央政权设立的驿道外，还有右江水道。这是一条黄金水道，从横山寨出发，往东可以到达桂东平原和东南沿海地区，便于出海；往北可以先顺东流再溯桂江，通过灵渠转入湘江、长江，一路通向中原；往南拐道左江可以前往交趾；往西通过右江上游的驮娘江、西洋江就可以到达古句町国区域（今云南东南部和广西西部一带）。在古代，森林水源相对充足，航道水位远比现代要高，通航里程也比现代长得多。因此，水路航运是古代大规模运输的最佳方式。这条水路，就像一条大动脉，为横山寨等古道圩镇的茶马互易、铜盐互易提供了强有力的支持。

在这里，各族人民会进行地方特产、生活用品、生产工具

及文化品、奢侈品等的买卖，可谓种类繁多。每年12月至翌年4月是马匹交易的高峰期，也是横山寨最热闹的时期。《岭外代答》中记载："蛮马之来，他货亦至。"横山寨的卖马者除了牵引马匹前来，还会携带麝香、胡羊、长鸣鸡、披毡、云南刀等用品及牛黄、黄蜡、山豆根、草豆蔻、八角茴香等药材。史料还记载，横山寨产一种珍珠米，米粒饱满香滑，在其他地区比较少见。这些物品都是广西乃至西南地区特有的，被运到北方地区后非常抢手。宋朝商人在这里出卖的物品主要有锦缯、豹皮、文书及西南民族地区罕见的各种"奇巧之物"。乾道九年（1173年），大理人李观音得、董六斤黑、张般若师等23人到横山寨交易马匹，并带来一份购物清单，清单上有瓷碗、琉璃碗、壶、紫檀、沉香木、甘草、石决明、井泉石、密陀僧、香蛤、海蛤等；还有一份购书清单，《文选五臣注》《五经广注》《春秋后语》《本草广注》《五藏论》《大般若十六会序》《初学记》《张孟押韵》《切韵》《玉篇》《集圣历》《百家书》等书籍都在购买计划里面。可以想象，当时横山寨博易场实际交易的物品种类非常丰富，远远不止以上所举。

但是，广马贸易具有明显的政府采购色彩。横山寨的贸易也最易受到政治、军事形势的影响和制约。横山寨设置之初，目的只在加强边境的安防，属于典型的军事堡寨。南宋初年，西北买马之路的断裂，使朝廷一时间不得不倚重广马，也为横山寨的繁盛一时提供了历史契机。一旦宋金关系缓和、西北买马之路恢复、广马需求下降等因素不复存在，横山寨的贸易就会立即衰败。这也是官方主导下贸易的必然结果。

开庆元年（1259年），蒙古大军绕道西南包抄南宋军队，兀良合台率军沿右江东下，攻破横山寨，一代名城自此荒废。元明时期，由于重新实现了版图上的大一统，邕州作为边境的重要性不再那么重要。从此，横山寨由荒废走向湮没，以致明代的地理志书上甚至无法正确指出其所在。后来，史学家在讨论横山寨位置的时候还出现了"平马说"和"祥州说"两种观点。直到考古发现百银城，才让这一古城寨真真切切地出现在人们眼前。

兴也马匹，衰也马匹。横山寨是繁荣的，也是短暂的。特殊的历史机遇造就了横山寨于两宋时期的昙花一现，而它在拓展和巩固骆越古道，促进民族交往、交流、交融等方面也发挥了巨大作用。

南丹卫：几经易地的军事卫所

明初，太祖朱元璋与谋臣刘基在唐、元两朝军制的基础上，创立了军卫法。他们在全国范围设置都司、卫、所，以此作为巩固统治和实施政策的坚实基础。当时，广西共设立了 10 卫 22 所，南丹卫就是其中之一。与广西其他的卫所相比，南丹卫最显著的特征就是其几经易地。但是，南丹卫的迁移并非随意为之，其中到底有什么原因和故事呢？

◈ 初设南丹

从汉代到宋代，南丹这片土地的归属权历经变迁。汉代时，它是毋敛县的一部分。到了南朝梁、陈时期，随着毋敛县的废除，南丹转归马平郡管辖。隋朝时，它成为黔安郡的一块土地。唐代，南丹一带被视为羁縻极边之地，设立了多个羁縻州，这些州隶属于黔州都督府。五代十国时期，南丹又改属宜州。

宋代时，南丹与中央政权的关系日益紧密。根据《宋史·蛮夷列传》记载，宋开宝七年（974 年），南丹壮族首领莫洪燕多次向朝廷表示归附之意，又多次进贡，请求赐予牌印，终获朝廷批准。元丰三年（1080年），南丹州正式受朝廷认可，管辖当地民族聚居区域，由莫氏土司进行管理，世代承职。因为这个地方出产朱砂（又称丹砂），又地处南方，所以取名南丹。至元十四年（1277年），南丹州改为南丹州安抚司，并在大德二年（1298年）并入庆远路。

朱砂

洪武元年（1368年），安抚使莫天护归顺了明朝。朱元璋采取顺应当地习俗的统治策略，继续沿用土司制度。他颁布诏令，将南丹更名为庆远南丹军民安抚司，并设立了安抚使、同知、副使等一系列官职。莫天护被任命为同知。洪武三年（1370年），明太祖接受臣下的建议，撤销了庆远南丹军民安抚司，设立庆远府。但仅过了四年，明太祖又重置南丹州，让莫氏土司重新掌权，由莫金任知州，而南丹州还是归庆远府管辖。

洪武二十八年（1395年），朱元璋废除了南丹安抚司，设立卫指挥使实行军事统治。南丹卫就设立在南丹州，隶属于广西都指挥使司。洪武二十九年（1396年）正月，南丹卫被改为军民指挥使司，成为实土卫所，不光管军事，还管民政。

少量文献中记载着南丹卫在建文帝朱允炆时期（1399—1402年）一度被裁撤，但因资料不足，无从考证。

◆ 首迁上林

永乐二年（1404年）十二月，南丹卫从南丹州迁至柳州府宾州上林县东二里（今属南宁市上林县）。这是南丹卫第一次搬迁，由内外两个方面的原因促成。

内因首先是南丹这个地方气候条件不好，气温低，雨水多，阳光又不足，常常出现干旱、冰雹、低温和霜冻等天气，有一些地区还会遭遇风灾和洪灾，总的说来冬季寒冷、夏季瘴热。当时驻守的官兵大多来自北方和江南，对这种气候很不适应，都说这个地方"瘴疠令人愁""不乐居"。其次，南丹地貌主要是山地，还有一些丘陵，平原非常稀少，而且分布零星。土质良好、水利条件优越的平坝丘陵地区早就被当地居民占据，这使得南丹卫军不可能进行大规模屯田，军队的粮食供应成了大问题。再加上"南丹不通舟楫，山路崎岖"的交通状况，商业和贸易活动受到阻碍，进一步加剧了卫所军粮供应的困难。外因则主要是桂中地区在当时不太稳定，导致上林特别需要军队来保护。

在内因和外因的共同作用下，南丹卫于永乐二年（1404年）

清 水 河

南丹卫遗址

南丹卫遗址

迁到了柳州府宾州上林县，具体位置在今上林县县城东侧 1 千米处、皇周村与云温村之间的广阔田垌中。南丹卫东南边界靠近云周屯；西与云马屯接壤，紧靠云莫屯；东面、东北面濒临澄江，而澄江北面又有天然屏障凤凰山脉，地势堪为守城要地。

南丹卫遗址发现于 1987 年，广西壮族自治区文物工作队于 1988 年对其进行复查，在城内发现明清时期的釉瓷片，在西面城墙与云马屯交界处的缺口还有少量明代残砖。2020 年，考古工作者再次对上林南丹卫遗址进行深入的考古调查和勘探，清晰地掌握了现存城墙、城门及城内部分道路的现状。这片城址的平面布局呈不规则的圆形，占地面积大约为 78.7 万平方米。城墙是用土夯实筑成的，除了南墙已经遭到破坏，其余墙体都保存得相对完好。整个城墙的周长大约为 3150 米，城外有护城

南丹卫遗址两次考古勘探范围

河。东、北、西三个方向各设有一座城门，每座城门外均可见瓮城的遗迹。城门附近的道路保存状况良好，宽度为 3 ～ 4 米。

◆ 再移宾阳

正统六年（1441 年），距南丹卫迁至上林县不到 40 年，南丹卫又移至宾州城内东北角（今宾阳县城南街），与宾州千户所治并到一起。

这次迁移的原因，依然是"水土不服"。据文献记载，广西按察司佥事、督学使黄润玉曾经以上林南丹卫位于群山之中，军士很多死于烟瘴为由，上奏朝廷，请求将南丹卫搬迁到开阔的地方，但是没有得到批准。后来，思恩土知府岑瑛、指挥潘鉴上疏广西总兵官柳溥，柳溥再次上奏朝廷，这一搬迁事宜才获批准。于是南丹卫迁往宾州，以减士卒之苦。

◆ 复徙上林

万历九年（1581 年）十月，也有一种说法是万历八年（1580 年），南丹卫从宾州重新迁回上林。虽同在上林，但此次的选址不同于永乐二年（1404 年）南丹卫首次迁往上林之地，这次徙卫的过程相对复杂。

嘉靖六年（1527 年），王守仁被任命为两广总督兼巡抚，其主张的措施之一就是将南丹卫迁移至周安堡（今忻城县古蓬镇周安屯）。王守仁认为，周安堡周边有可以耕种的田地，如果能够迁移到这个地方，不仅军士的屯田和粮食供应可以得到保障，也有助于加强对桂中地区的管理。何况宾州已经有了千户

西

南丹卫西城墙遗址

城墙遗址

所，足以满足军事需求，没有必要增加一个卫所，而南丹田地少，粮草无法自给自足，因此不宜设立卫所。

王守仁上疏迁址周安堡之后不久就病逝了。他推荐的继任者林富却反对徙卫周安堡，而主张将南丹卫迁往上林县三里（上无虞里、下无虞里、顺业里）。林富认为，南丹卫即使迁至上林县三里，也依旧位于宾州境内。此地与周边要地相距不远，遇到情况便于迅速响应和支援，正是"声息相通则气势自重，犬牙交错则觊觎自消"。

万历七年（1579年），南丹卫从八所迁至三里，与思恩参将同城驻守。这个三里，就是嘉靖七年（1528年）王守仁提议改设凤化县的地方，也是林富建议南丹卫迁至的地点。

◆ 卫所迁址的背后

南丹卫共经历了三次迁址行动，是广西卫所中迁徙最频繁的一个。它的迁徙与建文帝朱允炆时期以后广西军事形势的变化及朝廷调整广西军事部署息息相关。

南丹卫首迁上林，再移宾州，复徙上林，主要是为了应对永乐帝即位以后广西境内军事形势变化。卫所迁址后，新的军事防御系统形成：桂东北地区有桂林右卫、中卫，柳州有柳州卫，河池有庆远卫，南宁有南宁卫、驯象卫，贵县有奉议卫，梧州有总督府与守御千户所，宾州有守御千户所，这样一来，朝廷就把大藤峡紧紧包围住了。而南丹卫在此过程中成为广西军事部署这张棋盘上调整得最频繁的一颗棋子，不停地被迁动、移徙。

东西巷：考古还原桂林城建史

桂林坐落在广西的山水间，这座城市历史悠久、文化底蕴深厚，并以其独特的喀斯特地貌和秀丽的山水风光闻名遐迩。桂林建城已逾 2000 年，它见证了无数的王朝更迭、兴衰变迁。那么，这座千年古城是如何一步步发展起来的？

◇ 桂林建城何时起

桂林建城的年代在学术界是有过争论的。

一是秦代说。此说主要为桂林本地学者提出。这些学者认为，西汉始安县治所就在兴安溶江秦城遗址。已故学者唐兆民先生对此还作过考证，提出汉城位于桂林东北方向 40 千米左右的兴安县境内，兴安县的大溶江畔便是秦城的位置。

二是汉武帝元鼎六年说。此学说认为汉元鼎六年（公元前 111 年）设始安县，隶属荆州零陵郡，是桂林建城的开始。这一观点得到了国内权威历史地理学家以及全国多数学者的认可。1998 年在桂林举行的论证会上，专家学者们对此进行了详细论证。

三是甘露元年说。此说法认为东吴孙皓于甘露元年（265年）建立的始安郡城、县城，是桂林建城的肇始。这一观点认为，汉武帝时设立的始安县仅是属于零陵郡南部的一个县，直到东吴时期，为加强对新纳入的岭南地区的管理，将零陵郡南部单独划分出来成为始安郡，郡治和县治所在地合一，均在现今的桂林。这是桂林历史上的重大变化，对桂林在三国时期以及之后的发展有积极作用。

1998年8月，桂林市有关部门邀请了著名历史地理学家史念海等专家前往桂林，对颇有争议的桂林建城年代进行了论证。根据多数学者的意见，确定把汉武帝在苍梧郡南境建立始安县来统辖现今桂林东北地区的年代——元鼎六年（公元前111年）——作为桂林建城年代。随后，当时的桂林市人大常委会作出决定，正式将公元前111年定为桂林建城年代。这样，关于桂林建城年代的说法就算一锤定音了。

目前，史学界关于桂林建城年代已基本达成共识。从汉武帝元鼎六年（公元前111年）开始算起，桂林建城已有2135年的历史了，是名副其实的历史文化名城。

◆ 城建脉络已清晰

虽然现已统一认定汉武帝元鼎六年（公元前111年）设零陵郡，下辖的县中有始安县，是桂林行政建城之始，但是根据考古发现的情况，那时的县治所在并不在现在的桂林市区内，而是在桂林市兴安县溶江镇的七里圩王城。桂林的城建历史，大致开始于南朝时期，桂林地区的地名和行政区划在这一时期

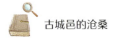

也几经变更。刘宋元嘉十六年（439年）复置湘州，始安郡被划归湘州管理，虽然在元嘉二十九年（452年）始安郡曾被划归广州，但仅过一年，其又重新被划归湘州。到了宋明帝时期，始安郡被改名为始建郡，治所设在始安，下辖7个县。南宋萧齐时期，始建郡又恢复为始安郡，治所在始安，归湘州管理，下辖6个县。到了南朝萧梁时期，广州和桂州进行了较大的行政区划调整：天监六年（507年），从广州分设出桂州；大同六年（540年），桂州治所移到始安郡，受湘州管辖，同时取消南桂林等24个郡的建制，将它们全部改划归桂州管辖。从此，"桂州"得名，辖区迅速扩大，桂林成为广西所在区域的政治、经济、文化中心，这一地位一直持续到南朝陈。

隋文帝即位后，结束了200多年的分裂状态，再次实现了国家的大一统，随后进行了重大的行政区划改革。据《隋书·地理志》记载，隋文帝废除了州、郡、县三级制中的郡一级，简化为州、县两级制。这一改革大大减少了行政层级，提高了行政效率。在平定南朝陈之后，隋文帝设置了桂州总管府。到了隋炀帝大业元年（605年），桂州总管府被废除，恢复始安郡，郡治设在始安县，即今天的桂林市区。

唐武德四年（621年），李孝恭和李靖等将领率军攻灭了盘踞在长江中游、江南地区的隋末地方势力萧铣，桂林地区设桂州总管府。总管府管理桂、象、静、融、贺、乐、荔、南昆、龙等9个州，桂州管辖始安、福禄、纯化、兴安、临源、永福、阳朔、归义、宣风、象等10个县，由李靖任职检校桂州总管。贞观元年（627年），唐将全国划分为10个道，桂林属岭南道。

从唐代开始，桂林的城建就有了明确的记载。李靖任职桂州总管期间，开始着手建城。他在独秀峰南侧百来步远的地方建了一个衙城，也就是子城，作为官署办公地点。"桂林子城，在漓江之西，周三里十有八步，高一丈二尺"，这是最早见诸史籍关于桂林修建城墙的记载。相传唐宣宗大中年间（847—859年），桂州刺史蔡袭在原来子城的基础上，向外增建了外城。外城的周长为15千米左右，城墙高度大概是10米。外城的南墙可能一直延伸到今天桂林市内的杉湖北岸，也就是正阳路步行街的最南端。这意味着，桂林的城市规模在那个时候有了很大的扩展。光启年间（885—888年），桂州都督陈可环在子城的西北面修筑夹城，夹城"从子城西北角二百步，此上抵伏波山。缘江南下，抵子城逍遥楼，周回六七里"。目前，逍遥楼已在文献记载的地点重建，位于桂林市区的滨江路北段解放桥与伏波山之间。若以此为参照，夹城的范围大致从独秀峰北至叠彩山、伏波山一带。夹城的建设，"增崇气色，殿若长城，南北行旅，皆集于此"，这表明在当时已经有不少商旅聚集夹城，使夹城成了一个重要的商业和交通中心，也使桂林城的防御体系得到加强。

入宋以后，至道三年（997年），广南西路的行政中心设在了桂州。桂林在岭南西部的政治和军事地位进一步提升。为了提高防御能力，保障州府的安全，至和元年（1054年）八月，由广南西路安抚使余靖主持，对唐代建成的外城和夹城进行拓宽加固，以砖石代替唐代的夯筑。这项工程耗时3年半，最终形成了方圆3千米的宋代城墙。除了这一次大规模的修筑，宋

逍遥楼

代还对城墙进行了多次的增补和维护。宝祐六年（1258年）至咸淳八年（1272年），是桂林历史上一个重要的时期。在这段时间里，为了抵御蒙古军队的入侵，桂林开始了大规模的筑城运动。经过14年的拓建，桂林形成了东至漓江沿岸，南至青带桥，西至骝马山、老人山，北至鹦鹉山、铁封山的城市规模，并"倚山为壁，因江为池"，形成了依山就势，山、水、城融为一体的城市格局。扩建后城墙全长6000多米，高近10米，设15个大小城门、若干个藏兵洞。鹦鹉山南麓山石上刻凿有《靖江府城池图》，这幅图生动展示了南宋末年桂林城池的规模和城市格局，还记有李曾伯、朱祀孙、赵与霖、胡颖等主持修筑靖江府城期间，各拓展城池的部位、面积、用工、用料和所费资金数目等。图中详细地标识了城中的山、水、城、池、门等，使用的绘图符号达36种之多，这在当时是相当先进的，开创了符号化绘制地图之先河。这次拓凿堪称桂林筑城史上最盛大的一次，对于桂林乃至岭南都有着非凡的意义。

元代，桂州并没有进行过改建，但在元末至正十六年（1356年）至二十年（1360年）间，朝廷发动军民对城墙进行了大规模的加固和整修，"凡城内外，自顶至踵，皆甃以大石……基址坚厚"，城墙"缭绕周回一十余里……"，"城高二丈有奇，城面阔三尺有奇"，除加固外，还在城墙上增设了大量的军事设施。

洪武五年（1372年），明朝政府将静江府改名为桂林府。洪武九年（1376年），改广西行中书省为广西承宣布政使司，布政使司、府、县三级地方政权的治所置于桂林。这标志着桂林成为广西的政治中心，负责整个广西的行政管理工作。同年，靖江王府开始修建，并于洪武二十五年（1392年）建成。这座王府以南京故宫为蓝本，建在以独秀峰为坐标原点的南北中轴线上，自南向北依次排列端礼门（正阳门）、承运门、承运殿、宫殿、御苑、广智门等主体建筑，门深城坚，布局严谨，规模宏大。而在随后的历史更迭中，这座王府也几经更替。它于清顺治九年（1652年）被毁，几年后重建为广西贡院，后又做过谘议局、省参议院等。1921年底，孙中山率北伐军至桂林时，也以此处作为总统行辕和大本营。如今，靖江王府旧址已成为广西师范大学的一部分，继续连接着桂林乃至广西的过去、现在和未来。

古城邑的沧桑

经过历朝历代的规划与建设，桂林不仅发展成为政治、经济、文化中心，也成为军事重镇和交通枢纽。同时，桂林也拥有独特的自然风光和人文景观。除漓江及其支系等水景外，桂林周边还有众多著名的山峰，如尧山、虞山、象鼻山、普陀山、月牙山等，这些孤峰山体形态各异，景色秀丽。此外，桂林还有寺庙、桥梁、石刻等丰富的文化遗产。它们与城市紧密相连，成为桂林不可分割的一部分。正是这些山水和人文景观，使得"桂林山水甲天下"。

◆ 考古发现有证据

南朝时期桂州城的确切位置在哪里呢？从刘宋时期始安郡太守颜延之的事迹中可以窥见一二。

颜延之（384—456年）是南朝刘宋时期文学家、文坛领袖人物、"元嘉三大家"之一。元嘉元年（424年），颜延之被贬桂林，任始安郡太守。他时常在独秀峰下东南角的一处岩洞里读书，使得桂林的学风大兴，同一时期，桂林周边出现了多个读书岩。而颜延之亲撰的"未若独秀者，峨峨郭邑间"，更是成了描写独秀峰的千古名句。据专家考证，这也是历史上第一句描绘桂林山水的诗文。今天的独秀峰下仍留有他当年读书的岩洞遗址，洞内立有颜延之的雕像，以纪念颜延之对开创桂林兴学读书之风的贡献。这些遗迹不仅是颜延之在桂林活动的历史见证，也可以让我们推测出南朝时期的始安郡郡治应该就在现今的桂林市区，距离独秀峰不远。

靖江王府

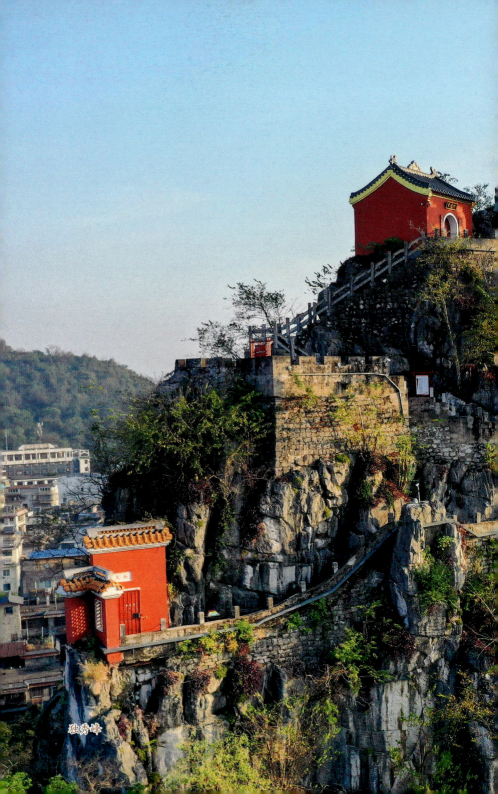

独秀峰

2013 年 3 月,《桂林国际旅游胜地建设发展规划纲要》获得国家发展和改革委员会的正式批复,桂林市将以建设国际旅游胜地为目标,开始新一轮的城市面貌改造工程。规划中一个重要的改造方向就是深入发掘历史文化街区的价值。同年,桂林市政府启动正阳路东西巷改造工程,并成立了项目建设工作领导小组。正阳路东西巷改造工程主要以整治拆除、复原修建、

正阳路东西巷

原地修缮和移动修缮保护等手段为主，旨在打造桂林旅游新地标。

2013 年和 2017 年，考古工作者对桂林正阳路东西巷开展考古工作。东西巷是东巷、西巷的合称，最早见于清嘉庆七年（1802 年）付梓、光绪六年（1880 年）增修的《临桂县志》。光绪十五年（1889 年）《广西通志辑要》的省城图中明确标注了东

巷和西巷的具体位置，就在清代广西贡院（即明代始建的靖江王府，今为广西师范大学王城校区）正贡门的东西两侧。东巷位于靖江王府正阳门（南门）外东面，其西端与靖江王府的中轴线——正阳路相接。正阳路以西，与东巷对称的区域则称为西巷。东西巷以南跨过解放东路，就是桂林商业中心之一的正阳路步行街。

为配合正阳路东西巷街区改造工程，考古工作者分两个阶段对东西巷进行了考古发掘。考古发掘中揭露出民国、清、明、元、宋、唐等6个时期的文化层，发现了不同时期的重要遗迹和遗物。重要遗迹有唐代排水设施、宋代庭院、宋元时期铺砖路面、明代靖江王宗祠、民国窖藏等。而遗物类型非常丰富，包括唐代至民国各个时期的陶器、瓷器、砖、瓦、滴水、瓦当、脊兽、滑石、铜条、钱币等。

正阳路西巷地层剖面

正阳路西巷试掘探沟

正阳路西巷出土的宋元时期铺砖路面

正阳路西巷出土的明代琉璃瓦垫面

正阳路西巷出土的明代碌墩剖面

正阳路西巷出土的唐代连珠纹瓦当

正阳路西巷出土的唐代花纹地砖

正阳路西巷出土的宋代戳印"官"字板瓦

正阳路西巷出土的明代青釉红砖

正阳路西巷出土的明代龙纹琉璃瓦当

正阳路西巷出土的龙纹青花瓷碗

　　这些考古发现，见证了唐代至民国各个时期的桂林城市发展过程，为研究桂林的城市史提供了非常珍贵的实物资料。

后 记

　　古城或矗立在荒野，或被叠压在现代城市之下，或淹没于水底，等待着被寻找、被发现、被认识。古城遗址的发掘和研究，能够让我们发现许多关于古代人类生活的实物证据，如工具、器皿、建筑遗迹等，仿佛打开了一扇扇窗，让我们得以窥见古代人类的生活方式、社会结构和文化传统，进而更加深入地理解历史上曾经发生的事件及这些事件的背景和原因。

　　通过考古工作者的辛勤耕耘，隐藏于广西土地上的一座座古城得以被发现。本书向读者介绍了广西从战国至明清的12座城邑，初步展示了广西城邑从无到有，再到逐渐形成体系，进而不断变迁且类型逐渐丰富的大致脉络。书中提到广西从史前至战国中期均未发现城邑，目前发现的最早的城邑是大浪古城。然而，考古的魅力之一就是探索未知、解释本源的步履不停。随着考古工作的继续深入、新资料的不断发现，这一结论也许在某一天会被推翻。

　　书中图片主要有以下3种来源：一是引自《广西文物考古60年》《合浦大浪古城：2019—2021年考古发掘报告》《广西左江

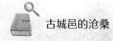

花山考古（2013～2016）》《广西合浦县草鞋村汉代遗址发掘简报》《广西钦州钦江故城考古调查简报》《广西武宣发现勒马秦汉城址》等已经公开的资料。二是出自一些尚未公布的一手资料，如秦城遗址、贵城遗址、越州故城、正阳路西巷、南丹卫等的资料。三是作者拍摄于国家博物馆、广西壮族自治区博物馆、广西文物保护与考古研究所、灵渠博物院、田东县博物馆等地。

本书旨在展示广西丰富的古城考古成果，让公众更多地了解广西的古城邑，让公众成为保护古城邑的参与者和监督者。我希望这本书不仅仅记载过去，更能引起人们对古城保护的关注，激发年轻一代对历史文化的兴趣，让我们的文化遗产保护得以传承，让这些古老的城邑焕发新的光芒。

保护古城邑这一重要文化遗产，就是共同守护我们的精神家园，以求延续中华民族的灵魂和血脉，让我们的子孙后代知晓：我们是谁，我们从哪里来，我们到哪里去！

本书在编写过程中，得到了广西文物保护与考古研究所领导的充分信任和肯定，得到了各个城邑遗址发掘项目负责人的大力支持；同时，林强先生、韦革先生、李珍先生、谢广维先生、蒙长旺先生和韦伟燕女士等慷慨提供了大量一手资料，在此一并表示衷心的感谢！

由于水平有限，仓促成书，书中难免存在错漏或疏忽，恳请同行、读者批评指正！

王　星

2024 年 10 月